人民法院司法改革案例选编

（第一批至第三批）

人民出版社

出版说明

党的十八大以来,在以习近平同志为核心的党中央坚强领导下,最高人民法院在深入贯彻落实党中央作出的深化司法体制改革重大部署过程中,深入发掘改革经验,总结提炼改革案例,于2017年7月以来,陆续公布了三批司法改革典型案例。这些案例旨在深度挖掘不同层级、不同地区的法院在破解改革难题、推动改革发展方面的探索与创新,提炼可复制、可推广的有效做法,并以案例形式予以推广,为各地改革实践提供参考。

为配合最高人民法院在深化司法体制改革过程中打造的这项"样板间"工程,人民出版社以《人民法院司法改革案例选编》的形式将这些典型案例分批编选出版。此次编选收录了最高人民法院于2017年7月5日、2017年12月28日和2018年7月20日公布的三批司法改革案例。本书的出版,便于各地法院学习借鉴典型案例,并将为司法改革案例工作的持续推进打下良好基础。

人民出版社

2018年9月

第一批（2017 年 7 月 5 日）

案例1：北京市第二中级人民法院 依托大数据测算

工作量 精确开展审判绩效考核.........................003

案例 2：北京市第三中级人民法院 凝聚法官集体

智慧 开好专业法官会议.........................007

案例 3：北京市朝阳区人民法院 三种审判团队模式

全面释放队伍潜能.........................010

案例 4：天津市高级人民法院 以司法标准化为抓手

适应责任制改革新要求.........................014

案例 5：山西省高级人民法院 健全员额退出机制

实现员额"有进有出".........................018

案例 6：上海市高级人民法院 实施大数据战略
信息化助力司法改革 *021*

案例 7：上海市第二中级人民法院 管理、培养与激励
并重 拓宽法官助理职业通道 *025*

案例 8：苏州市中级人民法院 打造"智慧审判苏州
模式" 推动审判管理模式创新 *029*

案例 9：浙江省温州市中级人民法院 敢闯敢试敢担当
创新推进庭审实质化改革 *033*

案例 10：安徽省高级人民法院 坚持"六个优化"
构建审判委员会新机制 *037*

案例 11：福建省厦门市中级人民法院 内部挖潜外部
借力 科学管理审判辅助事务 *041*

案例 12：福建省泉州市中级人民法院 专业化集约化
网格化 多措并举破解送达难题 *045*

案例 13：广东省中山市第一人民法院 以社会化解决
操作性事务 推进专业审判纵深发展 *049*

案例 14：广东省东莞市第二人民法院 院庭长办案
常态化 让优质审判资源回到审判一线 *054*

案例 15：广东省深圳市福田区人民法院 要素重组与
机制创新 推动审判团队新变革 *058*

案例 16：海南省陵水县人民法院　创新绩效考核模式

　　　　激发司改内生动力 063

案例 17：重庆市江北区人民法院　辅助事务集约管理

　　　　集中破解人案难题 067

案例 18：四川省成都市中级人民法院　依托信息化

　　　　平台　推进审判监督管理法治化转型 071

案例 19：四川省德阳市旌阳区人民法院　综合施策

　　　　多点发力　系统集成破解送达难 076

案例 20：贵州省遵义市中级人民法院　科学测算法官

　　　　工作　量助推司法责任制改革 081

第二批（2017 年 12 月 28 日）

案例 1：北京市第一中级人民法院　完善证人、鉴定人

　　　　出庭制度　有效发挥庭审实质功能 087

案例 2：北京市丰台区人民法院　打造"孵化器"式

　　　　团队　"以老带新"形成整体合力 090

案例 3：北京市房山区人民法院　依靠地方党委支持

　　　　推动司法人员分流安置 093

案例 4：天津市红桥区人民法院　推进综合配套机制

　　　　改革　增强审判团队改革效能 097

案例 5: 河北省沧州市中级人民法院 严格落实司法

责任制 创新监督管理新模式...................*101*

案例 6: 上海市高级人民法院 规范初任法官遴选

推进正规化专业化职业化建设..............*104*

案例 7: 上海铁路运输人民法院 以创新思维构建

行政案件 集中管辖改革配套机制..........*108*

案例 8: 上海市闵行区人民法院 立足信息化建设

新阶段 完善法官业绩评价制度..............*110*

案例 9: 江苏省南京市中级人民法院 打造多层次

监督闭环 确保责任制有序运行...............*114*

案例 10: 浙江省台州市中级人民法院 打好改革创新

组合拳 实现案件提质增效.....................*118*

案例 11: 湖北省高级人民法院 多措并举托低保高

妥善推进财物省级统管改革....................*122*

案例 12: 广东省广州市中级人民法院 全面深化综合

配套改革 压茬拓展改革广度和深度..........*126*

案例 13: 广东省深圳市中级人民法院 创新办案配套

机制 繁简分流助推改革效能...................*130*

案例 14: 广东省佛山市中级人民法院 规范管理强化

激励 推进辅助人员队伍专业化..............*132*

案例 15：广东省惠州市中级人民法院 建设院领导
办案团队 实现领导办案常态化规范化 136

案例 16：重庆市第一中级人民法院 构建二审案件
速裁机制 促进案件繁简分流 139

案例 17：四川省筠连县人民法院 完善"四类案件"
监管制度 做到"放权不放任" 142

案例 18：贵州省高级人民法院 探索"类案类判"机制
确保法律适用统一 147

案例 19：云南省高级人民法院 落实立案登记制改革
完善特色诉讼服务机制 151

案例 20：新疆维吾尔自治区阿克苏地区中级人民法院
精准化考核法官业绩 助推提升办案质效 154

第三批（2018 年 7 月 20 日）

案例 1：北京市高级人民法院 灵活组建新型审判
团队 推动审判机制科学运行 159

案例 2：北京市西城区人民法院 依托模块化审判工作
标准 打造法院知识管理和人才培养新模式 162

案例 3：北京市大兴区人民法院 积极争取党委政府
支持 探索建立诉讼志愿者制度 165

案例 4: 天津市河西区人民法院　创新集约化社会化

工作模式　促进审判质效全面提升 *168*

案例 5: 黑龙江省鸡西市鸡冠区人民法院　完善五项

工作机制　提升案件当庭宣判率 *172*

案例 6: 上海市虹口区人民法院　"法官自主、全院

集约、院庭长定向"三位一体　构建审判监督

管理新机制 *176*

案例 7: 江苏省南京市鼓楼区人民法院　发挥科技

优势　统筹共性事务　助推繁简分流 *179*

案例 8: 江苏省苏州市中级人民法院　建立实习律师

充实审判辅助力量机制　完善配套司法伦理

规范 *183*

案例 9: 浙江省宁波市中级人民法院　依托微信小程序

打造移动电子诉讼新模式 *187*

案例 10: 浙江省丽水市中级人民法院　深化分调裁

机制改革　助推纠纷多元化解 *190*

案例 11: 福建省厦门市翔安区人民法院　管理、培训与

研究并重　打造司法辅助人才培养高地 *194*

案例 12: 山东省济南市市中区人民法院　六项措施

打破庭室界限　优化分案机制实现提质增效 *198*

案例 13：河南省登封市人民法院　创新繁简分流
"五分法"　助推案件良性循环 *201*

案例 14：广东省高级人民法院　严选严管严控严要求
实现员额动态管控良性运转 *206*

案例 15：广东省佛山市中级人民法院　完善审判监督
管理和廉政风险防控链条　全面落实司法
责任制 *212*

案例 16：海南省海口市中级人民法院　院庭长办案
监督两不误　示范引领提质效 *216*

案例 17：四川省宜宾市中级人民法院　放权到位　控权
有效　构建全院全员全程审判监督管理体系 *220*

案例 18：陕西省高级人民法院　科学调整编制　加强
员额统筹　促进人案均衡 *225*

案例 19：甘肃省高级人民法院　推进聘用制书记员
制度改革　配齐配强审判辅助力量 *228*

案例 20：青海省泽库县人民法院　统筹内设机构改革和
审判团队建设　提升办案效能 *232*

第 一 批

（2017 年 7 月 5 日）

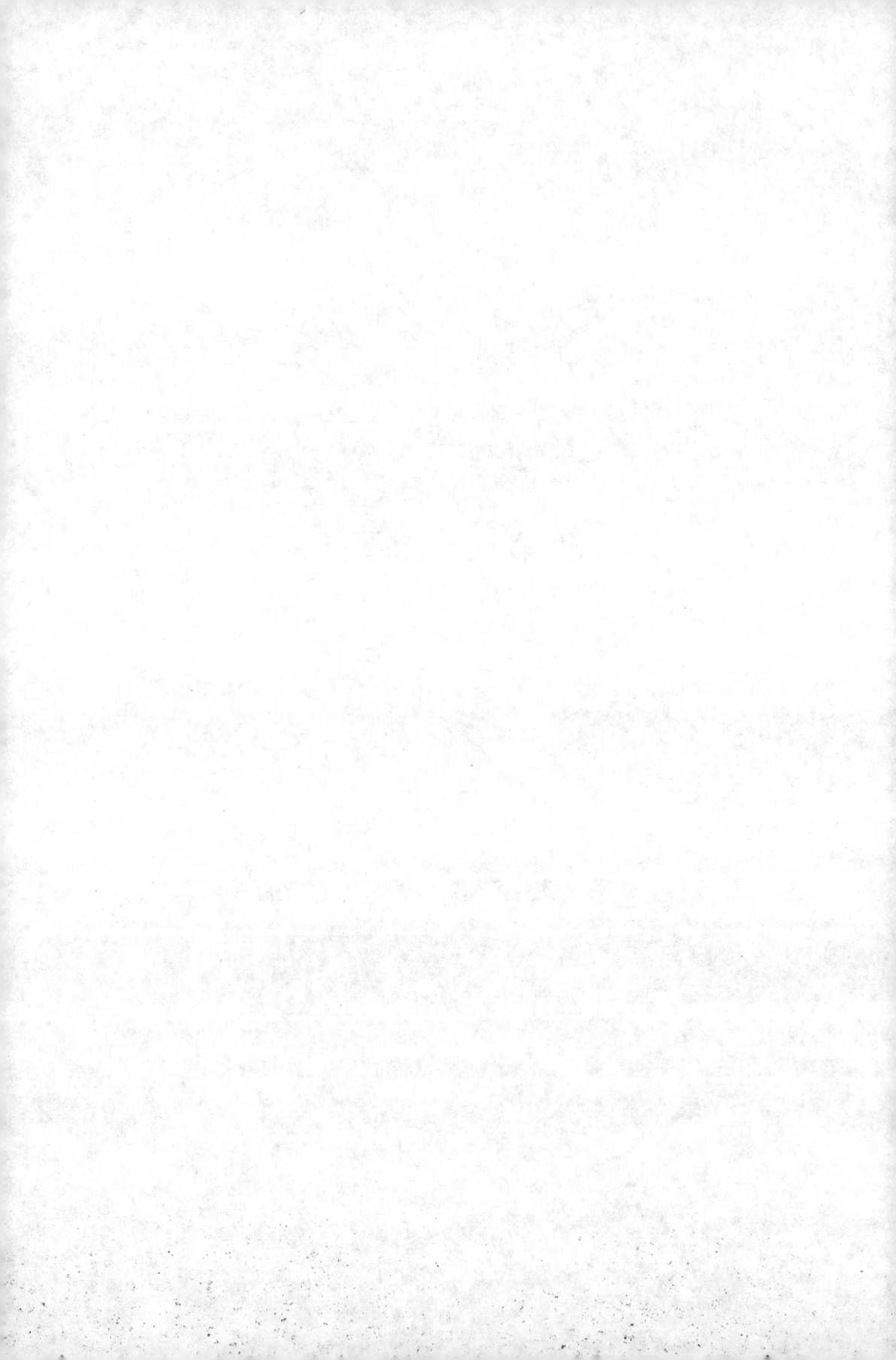

案例1

北京市第二中级人民法院

依托大数据测算工作量
精确开展审判绩效考核

　　长期以来,法院绩效考评工作存在全面完备与简便易行的基本矛盾。追求全面、完备的考核体系,会导致指标繁多、内容庞杂,指引性不强;内容过于简单,则会导致考核流于片面、平均主义,精准度不高。北京市第二中级人民法院在兼顾绩效考核全面完备与简便易行的方向上做出有益探索,以工作量科学测算为基础,依托信息化系统和大数据分析,突出工作量在绩效考核中的基础性作用,构建出既能客观反映人员工作实绩,又不增加一线审判人员工作负担,指引性强的绩效考评管理体系。

　　一是打牢绩效考核基础,精准测算司法工作量。绩效考核"量、质、效"三个基本维度中,"量"是基础。传统的以单一案件数累加测算"量",难以反映案与案不同,过于简单粗放。为此,北京二中院开发运行了"司法工作量核定系统",从每类案件均存在一些共性的流程节点和差异化的实体难点出发,深入案件本体,庖丁解牛,确定了以办案要点为基础的工作量测算崭新思路。通过对从立案到审判、执行全流程的关键节点及实体审理工作进行取样、计算、分析,筛选出包括 33 项公共流程、75 项业务特色、296 项案由细节等 3 类共计 404 项办案要点,在此基础上,采用"统一度量衡"模式,构建"标杆案件对比、要点系数叠加"的新型工作量计量体系,即按照立案、审判、执行 3 大工作领域,分别设定标杆案件,并赋予基础工作量值"1",将 404 项办案要点需花费的工作时间逐一与标杆案件比对,与基础工作量"1"换算后分别赋予权重系数,核算出办案要点工作量。最后,将案件基础工作量值与全部办案节点的工作量累加得出案件的工作量。

二是发挥"工作量"核心作用,构建科学绩效考评体系。以"量"为基础,不仅是加大"量"的分值权重,也是以"量"为标杆。"质""效"层面的指标设立、取值全面与工作量标杆案件进行二次对比,所有指标的分值不折合权重,直接与工作量得分相加减,确保了评价体系的统一性,计分方法与分数合成的体系一致性。同时,由于工作量的测算是以案为轴,虽以法官为核心,但也为其他各类人员的考核管理预留了接口。可以围绕工作量系统,搭建各类人员业绩评价体系。根据岗位职责特点,针对各类人员确定不同的办案要点。在明确人员岗位职责的基础上,通过科学划分办案要点的权责归属,使考核能够覆盖各类人员。

三是依托信息化手段和大数据分析,杜绝绩效考核"繁琐主义"。工作量系统与绩效考评得分合成均采取数据自动采集、后台合成结果的方式方法,前端实时输出,后台大数据计算,体现科学性、全面性的同时,使系统更易懂易用。司法工作量核定和绩效考评系统与"北京法院审判业务管理系统""北京法院执行办案系统"等成功对接,海量数据由系统自动采集,小部分数据在立案、结案阶段由审判人员填报,操作非常简便,不增加一线法官和辅助人员的工作负担。

四是强化民主公开,力促绩效考核全员参与认可。体系确立方面,无论是工作量系统的各项指标设置还是绩效考评体系的确立,均由一线审判业务专家和法学专家组成的调研小组深入审判一线,均有各个环节指标的设置、取样、计算、分析,通过"专家打分法",确保办案要点的指标分值信息能够准确、客观反映审判执行实际,也保证了体系建立的民主性。考核方式方面,确立了院庭两级考核方式,重要指标由院里统一确定,各庭室在不与院里指标冲突的前提下,可结合本单位具体情况自行细化,增强了考核的灵活性和认同度。考核程序方面,院考评委员会吸收一定比例的普通法官作为考评委员会成员,在考评工作的组织、指导、监督,研究决定考评工作的重大事项等方面具有一定的影响力,确保了考核结果的代表性和公信力。

五是发挥导向作用,绩效考核结果更加实用。北京市二中院以工作量为基础和核心,以审执质、效为主体,依托信息化大数据构建的审判绩效考核体系,在实践中取得了很好的效果。指挥棒作用突出。实时更新、一目了然的司法工作量核定系统,让审执人员随时掌握本人的工作量情况,能够准确评估考核结果,便于及时调整工作节奏和进度,较好地发挥导向作用,充分调动起审判人员的工作积极性。岗位考核特点鲜明。审判工作中,不同的角色履行不同的职责。"工作量"系统程序办案要点中的每一个要点,均对应着不同角色应尽职责。如开庭、案件合议等要点对应法官角色,庭前证据交换、草拟裁判文书等要点对应法官助理角色,将各类角色在实体、程序办案要点中的分值相加,并辅以办案的质效得分,即完成了对法官、法官助理在承办一件案件中的绩效进行了评价,这种考核体系确保了分工明确、职责清晰。结果运用凸显公正。二中院顺应司法改革的要求,将绩效考核结果与法官的入额与退出机制、法官等级晋升以及各类人员的绩效奖金发放相挂钩,突出了公平、公正原则。例如,二中院针对员额法官,以所在庭室法官绩效平均分的80%作为绩效考核的红线,凡无正当理由未获得达标成绩的法官,均不能按照员额法官标准分配绩效奖金,对于绩效考核分数过低者,将视情况启动退出机制。同时还规定,达标成绩以上的法官,分配奖金的档次应当与其考评成绩相对应,使改革红利得以科学、公正、平稳释放。

案例2

北京市第三中级人民法院

凝聚法官集体智慧　开好专业法官会议

专业法官会议是落实司法责任制、保障审判组织依法独立行使审判权的一项重要机制,具有职能定位业务性、组成人员平等性、讨论范围限定性、提请主体特定性、讨论结果参考性等特点,有利于统一法律适用、促进业务交流、确保案件质量,北京市第三中级人民法院严格按照司法责任制改革相关文件精神,结合该院实际,积极探索与实践专业法官会议制度,取得阶段性成效。

一是明确会议层级设置。将专业法官会议自下而上分为审判庭法官会议、审判业务口专业法官会议和联席法官会议三个层级。审判庭法官会议主要讨论本庭审理的疑难复杂及存在分歧的案件;审判业务口专业法官会议主要研究相关审判领域内重大、疑难以及需要跨庭统一裁判尺度的类型化案件;联席法官会议则主要讨论不同审判领域之间存在交叉的重大、疑难案件。各级专业法官会议以研究法律适用问题为主,切实尊重合议庭依法独立行使审判权。

二是规范会议运行规则。审判庭法官会议一般由庭长主持,审判业务口专业法官会议和联席法官会议一般由分管副院长主持。参会人员的发言效力一律平等。法官会议不形成决议,也不形成多数意见,发言仅供合议庭参考。法官会议的意见被合议庭复议采纳的,作为合议庭评议结果,由合议庭对案件处理结果负责。经法官会议讨论仍然分歧较大的,由分管副院长决定是否提请院长将案件提交审判委员会讨论。

三是强化成果转化运用。无论哪级法官会议讨论过的案件,会议记录都要入卷备查。各级法官会议定期对研讨的类型化问题进行整理,及时将具有法律适用指导价值的内容形成典型案例或裁判思路指引,供全院及辖区法院法官参考。

四是探索合理配置保障。由各审判业务庭内勤作为本庭法官会议秘书,承担资料递送、会议记录、成果整理发布等工作;将院研究室作为审判业务口专业法官会议和联席法官会议的秘书组,除承担组织会议的事务性工作外,重点负责提炼总结会议成果,定期发布类案裁判指引,确保法官会议制度的功能得到充分发挥。

2016 年,北京三中院共计召开审判庭法官会议 255 次、审判业务口专业法官会议 51 次、联席法官会议 2 次,法官会议研究后合议庭的复议率达到 100%,其中,有 4 件案件合议庭复议后未采纳法官会议"主流"意见。同时,法官会议对审判委员会讨论案件也起到了过滤作用,除了法律规定的情形外,民商事领域没有一起案件提交到审判委员会讨论,这也为审判委员会自身改革创造了条件。院庭长审判监督管理的重点逐步实现从个案研讨转向全局态势管控研判。2017 年上半年,经过法官会议多次研究讨论,制定发布涉及 27 类案件、65 万字的民商事类型化案件审判指引,受到辖区法院广泛好评。

案例3

北京市朝阳区人民法院

三种审判团队模式　全面释放队伍潜能

随着司法责任制改革深入推进,审判团队已经成为人民法院最基本、最重要的办案单元。作为全国收案数量最大的基层法院之一,朝阳法院深刻认识到,组建新型审判团队是提高审判质量效率、破解案多人少难题的重要途径。2016年以来,朝阳法院在新型审判团队建设方面进行了积极探索。

审判团队组建之初,朝阳法院一线法官、法官助理和书记员三类人员的比例仅为1∶0.2∶0.7,审判辅助人员数量面临较大缺口。院党组研究认为,审判团队组建本质上属于审判资源配置范畴,其中心任务在于整合重组审判资源,科学配置审判力量,努力以有限的司法资源满足人民群众日益增长的司法需求。因此,组建审判团队不能单纯依靠增加辅助人员,更要盘活、用足现有审判力量;不能单纯依靠要素投入增长,更要整合、优化资源配置结构;

不能单纯在团队内部消化处理大小事务,更要区分、剥离部分辅助性事务,推动集约化处理。

基于上述认识,朝阳法院不等不靠、主动作为,立足自身实际迅速展开审判团队组建工作。在对各部门案件特征、人员结构、办案饱和度进行深入调研分析的基础上,决定不搞"整齐划一",倡导"因地制宜",推动形成三类灵活机动、梯次排布的审判团队组建模式。

一是按照繁简分流的思路,组建"1+1"的速裁团队,推动"简案快审"。在简易案件速裁庭、各审判庭负责审理简易案件的速裁组,组建一名法官固定搭配一名书记员的速裁团队。形式上继续沿用"审书搭配"的传统模式,但对人员分工和岗位职责进行优化调整。一方面,制定《审判辅助人员职责实施细则》,明确审判辅助人员的具体工作职责,突出法官的主体地位和裁判职能,使其专注于"坐堂问案、拍板定案";另一方面,充分利用信息化手段,减少不必要的人工繁复劳动,通过购买服务实现扫描、归档等事务性工作的社会化分流,确保法官行使审判权获得充分的保障和支持。目前,朝阳法院共组建速裁团队92个,此类团队具有管理结构简单、决策和执行迅速的特点,适应简易案件快审快结的要求。以亚运村法庭为例,该庭组建12个速裁团队,承担朝阳法院全部物业供暖、交通事故等几类民事案件的审理工作。2017年前5个月,亚运村法庭共结案6741件,其法官数量仅占全院民事法官的11.8%,但完成了32.3%的民事审判任务,法官人均结案数达到518.5件。

二是按照专业化审判的思路,组建"1+1+1"和"1+2+1"的专业化审判团队,促进"类案精审"。在金融审判、知识产权、劳动争议等 6 个专业审判庭,以及其他审判庭的专业合议庭,按照专业化审判的要求,选任在相关审判领域理论功底深厚、业务技能过硬、实践经验丰富的法官,并以"1∶1∶1"的比例配备法官助理和书记员,组建专业化审判团队,推动案件的专业化、精细化审理。朝阳法院还从中国政法大学等四所高校中择优选任实习法官助理,首批共选任 26 人,均充实到专业化审判团队中,将部分团队扩展为"1∶2∶1"的组建模式,促进审判实务与法学理论的深度融合,进一步提升审判工作的专业化水平。目前,朝阳法院共组建专业化审判团队 45 个,此类团队具有办案类型专一、辅助力量充足、研究能力突出的特点,能够保障法官有充足的时间精心办案,形成有参阅意义的典型案例、有推广价值的办案经验和有影响力的学术成果。今年以来,朝阳法院 6 个专业审判庭和 29 个专业合议庭共起草《非法吸收公众存款案件审理规范》《房屋买卖合同纠纷案件审理规范》等 16 项案件办理规范,知识产权审判庭 2 个案例入选2016 年度北京市法院十大知产创新案例。一批专家型法官逐渐崭露头角,多名法官应邀到全国公检法机关专项培训班及全国法院基层法官轮训示范班上进行授课。

三是按照集约化管理的思路,组建"1+N+1"的集约化审判团队,实现"事务专办"。针对部分审判庭案件数量多、事务性工作负担重的实际情况,以北京市高院组织全市法院统一招录聘用制审判辅助人员为契机,充分运用增加的审判辅助力量,在收案量一万件左右的几个民商事审判庭成立审判辅助工作办公室,即在一名法官固定配备一名书记员的基础上,在庭室内组建服务审判核心业务、对接各个办案单元的辅助工作专门团队,将大部分审判事务性工作交由该团队统一办理,形成了"1+N+1"的集约化审判团队组建模式。目前,朝阳法院共组建集约化审判团队 32 个,此类团队具有事务性工作集中管理、专人办理、流水作业的特点,能够显著减少每个办案点需要承担的工作环节和工作量,从而有效提高审判机制整体运行效率。以南磨房法庭为例,该庭审判辅助工作办公室集中承担送达、安排调解、诉讼保全、外出调查等 11 项审判事务性工作,成为审判辅助工作的"中枢系统",显著推动了全庭审判效率的提高。去年南磨房法庭结案 9503 件,同比增长 104.1%。2017 年以来,该庭案件从立案到开庭的平均周期缩短了 50%。

四是以科学的绩效考核激发审判团队工作热情。以"注重实绩、科学评价、激励先进、鞭策后进"为原则,科学制定绩效奖金分配实施细则,重点考核办案数量、质量和效果,不与法官等级、行政职级挂钩。绩效奖金发放注重向一线倾斜,并适当拉开档次,切实调动审判人员的办案积极性。2016 年,朝阳法院的绩效奖金发放分为四档,奖金数额逐档递减,其中法官第一档比第四档奖金高出 60%。经统计,去年绩效奖金核定为一、二、三、四档的法官,年平均结案数分别为 671.86 件、462.25 件、285.67 件和 124.13 件,服判息诉率分别为 90.76%、88.16%、84.79% 和 83.94%。

通过三类审判团队的组建,朝阳法院初步形成了以法官为核心,以审判辅助人员为保障,各类人员各司其职、各专其长,分工协作、相互配合的工作格局。促进了司法效益的提升。2017 年前 5 个月,朝阳法院结案 38717 件,同比上升 53.8%;在全市法院 13 项审判质效考核指标中,9 项指标较去年同期有明显提升,其中法官人均结案数 136 件,居全市基层法院第一位。

案例 4

天津市高级人民法院
以司法标准化为抓手
适应责任制改革新要求

2014 年,天津市高级人民法院党组提出"以司法标准化为抓手、落实司法责任制、提前进入备战阶段"的改革思路。三年多来,先后制定了 6 大方面 21 个司法标准和 47 个政务标准,统一了类案法律适用,提高了审判质效和司法保障水平。与改革前相比,法官人均结案数上升83%,案件平均审理时间减少了5.4 天,一审服判息诉率上升了 6.9 个百分点,实际执行率上升了 18.9 个百分点,司法公信力明显提升。

一、在程序设计上,标准出台程序严谨、参与广泛

天津高院于 2014 年制定《司法标准化规划纲要》和《司法标准化工作管理办法》,构建了以司法标准的计划、编制、发布、实施和司法标准落实、跟踪、监督、评查、奖惩为主要形式的工作机制。具体要求是：每一个具体标准都要经过论证、立项、申报、基础调研、纲目确定、起草初稿、5次以上征求意见、初审、高院审委会讨论通过、正式发布等13个阶段，保障了标准的针对性和科学性；每一个标准制定都有覆盖全市各法院近2000余名干警参与其中，最大限度突出了法官主体地位；每一个标准都要经过全市三级法院组成的考评组进行达标考评，结果计入年度绩效，实现了司法权力由法官行使、司法责任靠法官落实、司法标准由法官制定、司法行为由标准检验的"闭环式"良性机制，也让人民群众衡量改革后司法公正水平有了对照表。

二、在内容选择上，标准涉及范围实现业务全覆盖

一是建立程序标准，推进审判流程实时监管。将诉前保全、立案、庭审、执行、信访等各个办案阶段细化为402个程序环节，并进一步明确了流程节点、权责主体、工作内容和达标要求，形成了1020项程序标准。例如，针对终结本次执行案件过多、执行案件屡清屡积的问题，制定《执行结案标准》，明确在查无财产的情况下，承办人要想结案必须符合案件已经合议并经主管院长批准或者取得申请执行人的书面申请两个条件之一，加强了申请执行人对承办法官的制约。法官向申请执行人告知案件执行进展时，申请执行人会反映被执行人有网络消费习惯、在其他省市有不动产、动产等新线索，法官通过核实、查封冻结支付宝账户等手段，促使了一大批准备终本的案件得以执行。

二是建立实体标准，推进类案裁判尺度统一。针对易发多发

案件先后制定物业纠纷、买卖合同纠纷、机动车交通事故责任纠纷、消费者权益纠纷、融资租赁合同纠纷、船舶碰撞纠纷等案件审理标准,进一步明确了上述案件的关键事实认定、主体责任确定、赔偿数额裁量幅度等 240 项法律问题的适用标准。随着裁量结果可预期性的增加,相关纠纷成讼数量相对减少、案件调解难度明显下降。以物业纠纷案件审理标准为例,该标准出台后,全市法院物业纠纷案件收案数同比下降 9.2%,调解率提高了 37 个百分点,判决改发率下降了 1 个百分点。

三是建立监督管理标准,为院庭长放权后监督提供抓手。先后编制《庭审质量标准》《裁判文书质量标准》《案件质量标准》《司法公开标准》《审判权力与责任追究标准》,明确了权责清单和权力行使依据,增强了法院系统内部对监督管理的认同感。以《裁判文书质量标准》为例:以往,案件评查部门对文书提出意见,给出分值,经常会引发业务部门不满,认为扣分主观因素多、不科学。该标准出台后,因每一项标准都是经过近 2000 名一线法官研究、字斟句酌确定的,依据该标准扣分,权威性高,被评查法官心服口服。审判管理部门依据裁判文书评查情况,作为确定案件质量的分值基础之一,又使绩效考评工作有据可依、有据可查。

三、在落实应用上,推进标准化与信息化深度融合

首先,将流程标准中的具体要求嵌入法官网上办案的节点控制,实现审判执行工作全程监管、全程留痕、全程可查。例如,最高人民法院关于司法责任制改革的意见要求,经审委会讨论案件需院长或分管副院长签发。网上办案系统中,凡是进入审委会讨论

案件未经院长或副院长签发,则无法加盖电子印章。再比如,审判流程标准中规定,各类案件首次开庭在审限的三分之一期限内进行。院庭长可以在网上办案系统中直接查看案件是否在规定期限内完成开庭。

其次,将质量标准中的具体要求嵌入网上办案系统,实现关键问题无疏漏。例如,庭审质量标准中规定法官按照规定穿着法袍。高院有关部门可以直接在网上办案系统中调阅下级法院案件开庭视频,监督着装是否规范、用语是否达标。再比如,减刑假释协同办案平台对罪犯减刑的起始时间、间隔时间,刑期是否符合规定、是否限制减刑等关键内容进行自动审查并作出提示,从而减少人工计算错误,避免错案、漏案。

最后,将政务标准中的具体要求嵌入网上办公系统,实现服务保障高效率。针对信息、调研、文稿起草、公文流转、督查督办、保密、档案管理、值班、会议组织及服务保障、对外接待、新闻宣传、重要突发事件处理、财务管理、资产管理、安全保卫、办公楼日常维护管理、信息化建设立项结项、办公设备的更新及日常维护等诸多行政性事务,制定了总计 47 个政务标准,并将每一项标准的节点,设置为网上办公系统中的必经路径或可选路径,在司法改革后行政部门人员减少的情况下,确保了司法服务保障的质量效率。

案例5

山西省高级人民法院
健全员额退出机制
实现员额"有进有出"

为严格落实司法责任制,不断提升员额法官的专业能力和责任感,实现员额"有进有出",及时将年轻业务骨干补充到员额队伍中,山西省高级人民法院于 2017 年 3 月底全面启动员额法官退出机制,截至 5 月上旬,首批 40 名员额法官退出员额工作已经结束。

一是建立机制,明确情形,厘清责任。2016 年 10 月,山西省首批入额遴选工作启动后,省高院党组向省委政法委提出建立员额退出机制的建议,并根据相关法律规定,提出具体意见。省委政法委高度重视,决定牵头制定法官、检察官员额退出机制相关规定。2016 年 12 月 21 日,山西省委政法委、省委组织部、省高院、省检察院联合印发《关于建立山西省员额制法官、检察官退出机制的意见（试行）》（以下简称《意见（试行）》）。

《意见（试行）》中对七种退出员额的情形作出了具体规定：没有在业务部门亲自办案的；入额后在非业务部门任职的；第一批试点法院政治部主任、纪检组长入额后没有及时免去其行政职务的；年办案数没有达到规定要求的；配偶、子女从事律师、司法审计、司法拍卖职业的；因工作调动、辞职、退休、辞退等原因离开所在法院的；自愿申请退出员额的。为确保退额机制顺利实施，《意见（试行）》还规定：若因各级法院在遴选过程中把关不严，或遴选后不及时调整工作，导致员额法官退出员额的，该法院 1 年内不得增加员额；如发生应退不退、推诿拖延等情形的，对主要负责人和直接责任人应当给予纪律处分，对瞒报谎报个人事项进入员额的法官予以严肃处理。

二是明晰程序，衔接顺畅，确保落实。《意见（试行）》印发后，全省法院随即结合绩效考核工作，启动了员额退出机制。凡符合退出情形的员额制法官，均由本人所在法院作出退出员额决定，通过省法官遴选办公室将《关于员额制法官退出员额的请示》附上相关材料报省法官、检察官遴选委员会批准，员额退出决定生效后，由省高院党组履行退出手续，并按照干部管理权限，报组织部门备案。员额法官对本人退出员额决定有异议的，可以通过省法官遴选办公室向省法官、检察官遴选委员提出书面异议申请，由遴选委员会作出最终决定。

三是做好引导，实事求是，妥善安排。省高院通过司改工作会议、督导调研活动、来电来信答复等多种方式，耐心、细致、持续地做好相关政策解读，加大宣传力度，帮助干警不断提高认识，防止部分干警片面、错误解读退额规定,产生抵触情绪。全省法院主动做好退额同志的思想工作,妥善安排转岗,做到"退额不退步",保持工作热情,以积极向上的态度投入新工作;对于因办案没有达到规定要求退出员额的,帮助其认识到退出员额是为实现法官良性循环,持续提升法院办案质效,而入额遴选是开放机制,只要符合条件,将来还能参加入额遴选,并将其尽量安排在法官助理岗位接受锻炼,储备人才;对于因身体等原因自愿退出员额的,根据其工作经历和现实需要,在征求本人意见基础上,将之安排至审判辅助岗位或司法行政岗位。与此同时,在退额工作中将坚持原则和实事求是相结合,对员额法官因休产假、病假、借调至上级机关等正常原因未能完成办案任务的,不启动退出机制。

下一步,山西法院将通过案件信息管理系统,对员额法官的办案情况进行实时跟踪,适时警示,及时对没有达到办案要求的法官启动员额退出机制,实现员额退出机制科学化、常态化、制度化,在此基础上,及时完善入额遴选办法,确保有能力、有担当的年轻业务骨干及时进入员额。

案例6

上海市高级人民法院
实施大数据战略　信息化助力司法改革

　　互联网是这个时代最具发展活力的领域,大数据已成为国家重要的基础性战略资源。上海市高级人民法院紧跟时代步伐,坚持"科技强院"方针和"向科技要警力、向科技要效率、向科技要质量"工作思路,运用"大数据"战略思维,实施"一个战略、两个行动"(即大数据战略、"互联网+"行动、"人工智能+"行动),推动"数据法院""智慧法院""阳光法院"建设,将大数据、"互联网+""人工智能+"等新的科技成果应用于司法改革中,取得了积极成效。

一、建立大数据审判辅助体系,实现办案智能化,提高办案质量和效率

　　上海高院在发挥法官主体责任的前提下,充分运用高科技手段,辅助法官办案,提高司法质效。建立的大数据审判辅助体系由

智能辅助办案、智能法庭、智能管理等 35 个子系统组成,为法官办案提供系统服务,实现了执法办案规范化、网络化、移动化、智能化。如:智能辅助办案系统,具有审判流程监督、类案智能推送、裁判文书辅助制作等 6 大功能。自 2013 年 12 月系统建成,访问量累计达 305 万余次,成为法官办案离不开的助手。智能管理系统,包括审判流程管理、审判质效管理、法院行政管理、队伍业绩管理、法院安全管理等 30 个子系统,实现了法院管理全程可视化,大大提高了管理效率。大数据司法分析系统,已建立案件审判态势、金融诈骗类犯罪案件、涉 P2P 金融犯罪案件等 7 个大数据专项分析平台,提升了数据分析处理能力、知识发现能力和辅助决策能力。2016 年上海三级法院受理和审结各类案件分别为 71.49 万件和 71.09 万件,同比分别增长 14.8% 和 15.7%;法官人均结案 228.39 件,同比上升 19.2%,位居全国法院前列。2017 年 1—5 月,共受理和审结各类案件 32.6 万件和 30.03 万件,同比分别增长 5.73% 和 5.99%;法官人均结案 98.59 件,同比上升 10.52%。案件收、结、存继续保持良性运行。

二、建立大数据司法公开体系,推动"阳光司法,透明法院"建设,让正义看得见、摸得着、可衡量

上海法院运用大数据、"互联网+""人工智能+"等新科技手段,推进司法公开、践行司法为民,有效促进了司法公信力提升。按照"公开是原则、不公开是例外"的原则,先后打造了审判流程公开、裁判文书公开、执行信息公开、庭审网络直播、网络司法拍卖等具有上海法院特色的十二大司法公开服务平台,构建了全

方位、多层次、互动式、智能化的司法公开体系,截至 2017 年 5 月,上海法院已向社会公开了 112 个方面 830 个信息项,累计发布信息 2.1 亿条,日均访问量 3 万人次,有效保障了人民群众的知情权、参与权、表达权和监督权。

三、建立大数据诉讼服务体系,实现服务群众诉讼全方位、全天候、零距离、无障碍,维护人民群众合法权益

上海法院坚持"把困难留给自己,把方便留给群众""让数据多跑路,让群众少跑路"的理念,打造了具有上海特色的服务群众诉讼"三张名片",破解人民群众反映突出的"立案难""执行难""联系法官难"等诉讼难题。一是建立了数字化、智能化的"上海法院诉讼服务中心"。形成了具有登记立案、导诉分流、法律援助等 20 余个服务窗口和网上立案、网上查询、网上调解等 30 余项智能服务为一体的诉讼服务体系,实现了"由诉讼服务中心提供庭审以外的全部诉讼和非诉讼服务"的目标。二是建立了数字化、智能化的"上海法院 12368 诉讼服务智能平台"。2013 年 12 月上海高院开通了全国第一个"12368 综合诉讼服务平台",该平台具备联系法官、查询案件、法律咨询等 18 项功能,实现一号对外、"一门式"服务,日均访问量 2750 余人次。2017 年 5 月 17 日,上海高院将人工智能技术植入"12368 诉讼服务平台",开通了"上海法院 12368 诉讼服务智能平台",实现了诉讼服务"全天候"。三是建立了数字化、智能化的"上海法院律师服务平台"。2014 年 11 月上海高院开通了全国第一个专门为律师服务的平台——"上海法院律师服务平台",该平台能为律师提供网上立案、网上缴

费、庭审排期自动避让、关联案件自动推送等 5 大类 24 项智能化服务。上海从事诉讼业务的 1400 余家律师事务所已全部使用,平台日均访问量 2265 人次,截至 2017 年 5 月底,网上立案 7.69 万件,实现了律师足不出户,即可完成立案。

四、研发"上海刑事案件智能辅助办案系统",推进人工智能深度应用,防范冤假错案,促进司法公正

开发"推进以审判为中心的诉讼制度改革软件"是中央政法委交给上海高院的重大改革任务,也是推进以审判为中心的诉讼制度改革的重要内容,是一项把司法改革与现代科技融为一体,把大数据、人工智能融入刑事办案中的一项全新的科技创新任务。上海高院在市委政法委领导下,在最高法院的指导下,在市检察院、公安机关等相关部门的大力支持配合下,与科大讯飞公司合作,于 4 月底初步完成了"上海刑事案件智能辅助办案系统"研发,该系统初步具有证据标准指引、单一证据审查、证据链和全案证据审查判断、办案程序合法性审查监督等 13 项功能。

自 5 月 3 日上线试运行以来,该系统录入案件共计 55 件,包括故意杀人案件 13 件、盗窃案件 34 件、电信网络诈骗案件 8 件;录入证据 12699 份;提供证据指引 2148 次;发现证据瑕疵点 48 个;提供知识索引查询 313 次;总点击量达 4.7 万次,取得了初步成效。通过该系统的试运行,上海公检法三机关在办理刑事案件过程中基本实现了对证据的统一指引、校验、提示、把关、监督等,在统一证据标准适用、规范办案程序、防范冤假错案、减少司法任意性、提高办案质效等方面的作用初步显现。

案例 7

上海市第二中级人民法院

管理、培养与激励并重
拓宽法官助理职业通道

上海市第二中级人民法院自 2014 年 4 月启动改革试点以来，牢牢把握"统筹推进、团队协同、程序创新、渠道拓展、考核激励"等五个环节，把选优、配强、用好法官助理，作为推进改革的一项基础工作抓紧、抓深、抓实，取得了良好成效。

一是统筹部署推进，准确把握法官助理的改革支点作用。将法官助理制度放在改革宏观布局中谋划，统筹部署，细化推进，促进了改革效能的整合与提升。首先，遴选充实法官助理队伍。自 2014 年 9 月以来，该院已分四批任命了 91 名法官助理，初步实现每个合议庭配备 1 名以上法官助理。对新招录的拟进入法官助理序列的人员要求具有法学专业硕士以上学历，且取得法律职业资格证书。其次，大力完善法官助理配置。将 91 名法官助理全部配置到审判一线。截至 2017 年 5 月,该院法官助理共协助办案 6324 件,其中参加庭审 843 次,开展调解 1697 次,起草判决书 1534 篇、裁定书 963 篇、调解书 605 篇,列席专业法官会议参与案件讨论 121 次。最后,细化明确法官助理职责。研究制定《法官助理岗位说明书》,明确法官助理主要承担诉前调解、庭前准备、草拟文书等与审判工作密切相关的辅助性事务,厘清法官助理与书记员的角色关联和职责区分。

二是团队协同配合,充分发挥法官助理的审判辅助功能。以法官助理制度为抓手,深化审判团队建设,激发法官与法官助理"1+1>2"的协同效应。首先,推动法官"减负增能"。除庭审、评议、签发文书等核心审判事务应由法官承担外,其余辅助性工作均纳入法官助理工作范畴,使法官更加专注破解疑难法律问题。与改革前的 2013 年相比,2016 年该院审限内结案率为 99.78%,上升 3.91%,人均办案数为 94.32 件,增幅近 52%。其次,细化法官助理参与审判的工作规范。制定《关于法官助理在审判工作中履行职责的暂行规定》,对法官助理参加庭审、申请回避、文书署名等程序事项予以规范,初步形成了法官助理参与庭审等工作的操作流程和行为模式。最后,加强对法官助理的培养带教。按照实习、熟悉、熟练三个阶段合理确定法官助理的履职内容和培养过程。试用期及任职第 1 年为实习阶段,主要承担书记员工作,熟悉相关审判业务。第 2—3 年为熟悉阶段,全面履行法官助理岗位职责,学习各项审判技能。任职第 4 年及以后为熟练阶段,依法通过庭前会议、接待当事人、主持庭前调解等方式参与办理简易案件。

三是理顺审判关系,创新完善法官助理的程序参与机制。科学谋划法官助理的角色嵌入和履职空间,找准法官助理发挥职能作用的切入点和结合点。首先,参与庭审方式改革。积极推进以审判为中心的刑事诉讼制度改革,规定部分社会影响较大犯罪案件可由法官助理协助召集庭前会议,为后续庭审的高质量推进做好充分准备。深入推进具有二中院特色的"1+3"民商事庭审方式改革,构建"法庭调查与法庭辩论合并进行"及"庭前准备""争点整理""释明权行使"等4项工作机制,发挥法官助理在庭前准备、争点整理中的作用,提升庭审质量和效率。以参与此项改革试点的民二庭彭辰合议庭为例,通过法官助理在庭前准备阶段积极履职,庭审效率大幅提高,最多时一天连续开庭审理10个案件。其次,开展与代理律师协调对接。与上海市律协签订合作协议,构建法官助理与代理律师庭前对接机制,选取30家律师事务所开展试点,推进代理律师提交诉讼材料标准化、证据材料表格化,积极试推网上交换诉讼电子材料的工作新模式。最后,积极探索岗位锻炼方法。组织法官助理开展案例调研、起草司法建议等岗位"练兵"活动。改革试点以来,5件由法官助理撰写的案例材料分别入选《最高人民法院公报》及最高人民法院指导性案例。

四是考核激励并重,着力营造法官助理的安心履职环境。坚持严管与厚爱相结合,依法严格落实法官助理的履职要求,注重激发法官助理的敬业精神和工作热情。首先,加强绩效考核。以薪酬改革落地为契机,完善量化积分制考核机制,鼓励法官助理提升职业素养和专业技能。其次,开展综合评比。每季度召开法官大会,开展"办案之星"及"服务保障之星"评选,先后6批共评选出80位"办案之星"、22位"服务保障之星"。2016年评出"办案标兵"10名,"办案能手"31名,充分激发法官助理工作热情。最后,注重氛围营造。院党组定期组织"双月座谈",听取意见建议并解决实际困难。以法官助理为主体,组织开展调研之友、读书沙龙、青年健步走等健康、丰富的活动。

五是院校携手共建,深入拓展法官助理的社会来源渠道。落实最高人民法院关于建立法律实习生制度的有关规定,与在沪法律院校合作推进"法院实习助理暨司法研修助理"项目。与合作院校签订共建协议,制定实习助理管理办法,对表现出色的实习助理予以适当奖励,并可按规定纳入储备人才库。先后分三批遴选77名在读研究生、博士生来院实习。实习助理的实习期为6个月,在审判长的指导下参与力所能及的审判辅助工作。司法研修助理实习期为1年,一般在审委会委员指导下开展审判理论及疑难法律问题、实务课题的研究。自该项目启动以来,实习助理草拟裁判文书420余份,撰写各类报告、笔录1140余份,校对各类文书1800余份;司法研修助理参与课题调研30余篇,撰写论文20余篇。

案例 8

苏州市中级人民法院

打造"智慧审判苏州模式"
推动审判管理模式创新

　　"智慧审判苏州模式"的思路和做法,在于紧扣"服务",紧盯"痛点",将"互联网+"、大数据、云计算、人工智能等与法院工作全面结合、深度融合,搭建电子卷宗随案生成等 8 个平台,让司法审判更加精细化、司法管理更加科学化、司法服务更加人性化,从而推动审判体系和审判能力的现代化。

　　一是减轻办案人员工作负担。探索将大量简单审判事务性工作交给机器完成,让法官专注于核心裁判工作。开发应用庭审语音智能转写系统,实现语音向文字的同步智能转换,庭审笔录的完整度接近 100%,普通话语音识别正确率达到 90%,庭审时间平均缩短 20%—30%,复杂庭审时间缩短超过 50%,提高了庭审质量和效率,减轻了书记员记录压力。以往一天可以开三个庭,现在可以开五个庭。目前,语音识别技术正在合议、审委会讨论、文书制作、日常办公等各类场景拓展。在全国首创电子证据语音检索系统,通过自动识别庭审中说话人的特定指令,可以准确检索到电子卷宗中相应的文档、图像、音视频等电子证据并实时调取、同步显示在显示屏上,节省了质证时间,革新了传统庭审质证方式。此外,合议庭成员在案件评议时通过该系统可以随时检索证据材料,提升了评议质量。开发应用文书制作"左看右写",通过分屏技术,法官可以在同一显示屏直接复制电子卷内容制作法律文书,大大减少了文字录入工作量。

二是为法官办案提供智能辅助。面对司法责任制改革对法官队伍的新要求,针对法官司法能力和经验不足等问题,打造为法官提供知识分享和实体裁判标准的平台,辅助提高办案质效。实现案例文献自动推送,对法官在办案件的事实和争议焦点等关键信息进行智能提取和对应关联,自动推送相类似的案例以及有关法律法规供法官参考,提高了法官研判案情的针对性和实效性。实现简易裁判一键生成,在对案件实现智能研判的基础上,针对数量多、案情相对简单的案件类型,自动提取电子卷信息,并按照同类案件的审理规则和裁判尺度,自动生成裁判文书,经过法官复核确认,实现文书快速生成,减少法官制作文书的工作量。

三是推动审判管理模式创新。针对司法责任改革后传统定案把关机制功能弱化的问题,运用信息技术推进审判管理扁平化、可视化,创新审判管理模式。搭建同案不同判预警系统,通过对海量裁判大数据进行智能情节特征提取和判决结果智能学习,建立起具体案件裁判模型,根据案件的情节特征和案件复杂度从案例库中自动匹配类似案例集合,并据此计算出类案判决结果,一方面,为法官裁判提供参考,规范法官自由裁量权;另一方面,对于判决结果出现重大偏离的情形,系统自动预警,院庭长可以依法行使审判监督管理职权。

四是推动审判流程再造。推进审判事务性工作"服务外包",设立诉讼材料集中收发、扫描中心,采取服务外包方式将纸质诉讼材料扫描、文书邮寄等事务性工作交外包人员负责。推进电子卷宗随案生成,研发电子卷宗集中收发、采集、加工系统,对集中扫描的电子卷宗进行数字化处理、OCR 识别,立案信息自动回填,程序性文书自动生成。通过该系统,立案人员不再需要手工向系统录入当事人身份地址信息、诉请事实理由以及证据材料等。案件审结后,书记员点击归档功能,即可实现一键归档。实现材料流转云柜互联,研发全国首个"纸质文档智能管理云平台——云柜系统",利用物联互通技术,无缝连接线下实体柜和线上虚拟柜,实现纸质诉讼材料经由云柜有序流转,构建起一个全方位、数字化、高效率的纸质文档智能电子管理平台,确保诉讼材料流转全程留痕、安全可查。

苏州法院在智慧法院建设过程中,坚持抓应用,突出实效性,效果逐步显现,得到了一线法官的广泛认可。一是提升审判效率。通过"智慧审判苏州模式"的运用,苏州法院法官、书记员事务性工作分别减少40%、50%左右,案件审判效率提高20%以上。以往立一个案件当事人需要等十五分钟,现在只需要等两三分钟。二是规范司法活动。通过信息技术实现材料流转、庭审等活动全程留痕,在方便法官办案的同时,倒逼法官规范司法活动,提高司法能力。三是助力提升司法公信。为司法管理提供了重要平台载体,特别是随着数据分析、案件类推、偏离度预警等系统不断深化,对落实司法责任制、提高司法公信力将起到积极的推动作用。

案例9

浙江省温州市中级人民法院

敢闯敢试敢担当
创新推进庭审实质化改革

为扎实推进以审判为中心的诉讼制度改革,温州两级法院坚持以庭审实质化为核心,以证人出庭作证为突破口,创新推进改革试点工作。2015 年以来,全市法院共在 915 件刑事案件中通知 1434 人出庭,实际有 581 件案件 915 人出庭作证,作证率为 63.8%;共对 6 名被告人依法宣告无罪,裁定准予检察机关撤回起诉案件 78 件,确保无罪的人不受刑事追究。

一、加强领导,稳步推进改革试点工作

一是积极争取党政支持。争取温州市委支持,成立全市改革领导小组,推动市委政法委出台庭审实质化改革专题会议纪要,建立重大案件同步录音录像、认罪认罚从宽等长效机制。

二是稳妥开展改革试点。将庭审中心与证人出庭改革试点工作列为"一把手"工程,成立由院长任组长的全市法院改革试点领导小组。依托公检法司联席会议平台,注重加强常态化的沟通与协调,建立一套相对完整的证人出庭作证长效机制。

三是重视加强考核考评。制定考评办法,将证人出庭情况纳入对基层法院的量化考核指标;在年终考核时,对于表现突出的集体和个人予以表彰;建立工作动态通报机制,按月通报全市法院证人出庭情况以及最新工作动态,加强对改革推进工作的考核管理和监督指导。

二、真抓实干,建立健全证人作证制度

一是建立证人出庭作证制度。联合市公安局、检察院出台人民警察、刑事案件证人、专家证人、鉴定人出庭作证系列会议纪要,建立相对完整的证人出庭长效机制。2015年以来,全市法院共在915件刑事案件中通知1434人出庭,实际有581件案件915人出庭作证,出庭作证率为63.8%,涵盖了现行法律框架下刑事案件出庭人员的全部类型,证人出庭作证率、出庭作证人数远远领先全国其他设区市法院。

二是创新证人出庭作证方式。先行先试视频作证、遮蔽容貌、不公开作证等证人出庭的全新方法,对有必要保护其真实身份信息的证人,采用庭前法庭预先核实身份、庭审远程视频作证、使用隔离装置遮蔽其容貌以及在判决书中不披露其真实身份等措施,既鼓励证人出庭作证,也能加强对证人的保护。2017年1—5月,全市法院共有8名证人通过隐蔽作证设备出庭作证。积极探索推

进强制证人出庭作证制度,出具全省首个强制出庭令,共强制3名证人出庭。

三是加强证人作证保护工作。联合公安、检察机关出台《关于刑事案件证人保护工作的暂行规定》,明确规定证人因作证而面临危险的,可向办案单位申请证人保护,办案单位也可主动启动保护工作;证人保护部门由公安机关承担或由其指定的有关部门具体负责等内容。2017年6月,瓯海法院发出全国头两份证人保护禁止令,明确对被禁止人实施禁止接触证人等措施,时间期限为六个月。

四是完善证人询问质证规则。编制《各类案件一审程序庭审提纲》,规范对证人的询问程序,要求审判人员在庭审过程中引导控辩双方围绕争议焦点,开展对证人证言的质证、认证活动。研究制定《关于出庭证人交叉询问规则(试行)》,解决司法人员交叉询问经验不足的问题,提高对证人交叉询问的规范性和科学性。

五是落实证人出庭保障机制。出台暂行规定,明确温州市内人员出庭补贴标准为每人每天600元、市外人员为每人每天800元,扣除实际出庭天数后额外发放补贴每人每天200元;出庭作证期间的交通费、住宿费按浙江省机关事业单位工作人员出差标准执行。同时,缩短出庭费用报销流程,制作附有证人银行账户信息的出庭作证表,由证人签字后提交财务部门,证人出庭后其银行账户可及时收到出庭补贴。

三、先行先试,同步推进配套改革措施

一是强化庭前会议功能。联合市检察院制定《庭前会议工作规

则(试行)》,明确规定庭前会议的适用范围、启动方式、会议流程、会议效力等,并在多起案情重大或证据存疑案件的审理过程中召开庭前会议。2017 年 1—5 月全市法院共在 45 起案件中召开庭前会议,并在庭前会议中成功解决排除非法证据问题的案件 1 起。

二是强化控辩平衡。联合市司法局印发《关于加强刑事案件指定辩护工作暂行办法》,提高法律援助资助金额,扩大指定辩护范围,有效提高法律援助工作力度。2017 年 5 月,联合市司法局、市财政局制定会议纪要明确规定"重大刑事案件"的范围,"人才库"的入库资格、审查、管理与考核的标准等,确保重大刑事案件的辩护质量。根据温州市重大疑难复杂刑事案件总体数量,暂时核定了 40 名"备选人才"。

三是探索讯问合法性核查制度。在鹿城、永嘉试行由驻看守所检察官对犯罪嫌疑人进行询问,核查是否存在刑讯逼供、非法取证情形,并予以同步录音录像的讯问核查制度,将核查结果作为法庭审查非法证据申请的重要依据。经驻所检察官核查,犯罪嫌疑人认为讯问合法,审理期间又提出非法证据排除申请的,法院经审查可驳回申请。2015 年 6 月以来,鹿城、永嘉检察机关已经在重大案件中对 31 名在押的犯罪嫌疑人进行讯问合法性核查。

四是创新技侦证据审查使用机制。积极争取市委政法委支持,将"探索对采取技术侦查手段获取的证据材料移送、审查机制,强化对原始技侦材料的当庭质证,对确实不适合当庭质证的,进行庭外核实,并保障辩护律师的到场权"纳入全市《改革实施方案》。积极联合市公安局、市检察院出台《关于重大毒品犯罪案件技术侦查获取材料移送、审查、使用实施细则》。

安徽省高级人民法院

坚持"六个优化"
构建审判委员会新机制

2015 年以来,安徽省高级人民法院着力推进审判委员会制度改革,坚持全省法院三级联动,系统推进"六个优化",大力完善审判委员会职能定位、审理范围、审理方式、人员结构、责任机制、工作平台等方面,促进审委会制度全方位转型与规范,形成了具有安徽特色的审判委员会改革模式。

一是把握审级特点,优化职能定位。根据高、中、基三级法院审委会工作的不同特点确定职能范围。高院强化宏观指导和审判管理职能,重在总结审判经验,统一裁判尺度,监督和指导辖区法院审判工作。中院讨论案件职能与宏观指导职能并重,重在保障案件质量和裁判标准统一。基层院以讨论案件职能为主,着力解决重大、疑难、复杂案件的法律适用问题。

为统一类案法律适用,安徽高院审委会2017年先后印发常见犯罪量刑指导、非法采矿及破坏性采矿刑事案件数额认定标准等指导性文件和四批参考性案例。试点中院审委会加强对重大类案问题法律适用的指导,发布区域性规范性文件较改革前同比上升50%。为强化审委会管理监督职能,审委会一方面定期通报审判执行工作专项报告和审判运行态势,加强对案件质量的评估与分析;另一方面将审委会作为界定差错案件的主体,强化责任追究,促进提升个案审判质量。

二是案件过滤分流,优化审理范围。严格界定审委会讨论案件范围,除法律规定应当提交审委会讨论的情形外,仅对涉及国家外交、安全和社会稳定的重大复杂及与本院或上级法院类案裁判结果可能发生冲突的案件予以讨论。设置审委会上会案件的前置审查程序,完善专业法官会议制度,规定合议庭分歧较大、新类型案件以及涉及统一裁判尺度案件必须经专业法官会议讨论,有效发挥专业法官会议过滤分流作用,审委会讨论案件大幅缩减,试点法院平均同比下降32.3%。

三是推进"亲历庭审",优化审理方式。对涉及重大民生、事关多方利益等敏感案件及辖区有重大影响案件,要求审委会委员担任承办法官,或者组成委员合议庭审理。由委员合议庭审理的案件,原则上不再上会讨论。全省法院审委会委员共"庭审亲历"案件2.2万余件。在中国庭审公开网直播由审委会委员主审的庭审298场,充分发挥审委会委员的示范带头作用,促进案件质量提升。

四是完善任职机制,优化人员结构。改革审委会委员任职机制,打破行政领导担任审委会委员的传统模式,通过竞争性遴选与集体推选相结合的方式,提名选任具有专业特长、审判经验丰富、法学理论水平较高、不担任领导职务的资深法官担任审委会委员。目前,试点法院已有 8 名未担任行政职务的资深法官被选任为审委会委员,占委员总数的 9.9%。探索建立审委会委员退出机制,量化审委会委员工作成效,建立审委会委员考核机制,对于连续两年考核不合格的,依程序免去审委会委员职务。

五是强化监督问责,优化责任机制。探索建立审委会委员个人履职档案,对审委会委员出席会议、发表意见、参加合议庭审理、违反职责行为等情况进行系统记录,并以适当形式定期在法院内部公示,强化评价、监督和问责。合理界定审委会与合议庭的错案责任范围。明确审委会改变合议庭意见导致裁判错误的,由持多数意见的委员共同承担责任;审委会维持合议庭意见导致裁判错误的,由合议庭和持有多数意见的委员共同承担责任;案件合议庭或承办人未向审判委员会如实汇报案情导致错案,合议庭或承办人承担责任。

六是借力信息技术,优化工作平台。依托信息技术,建成集网上会议、督办回复、互联共享、辅助决策、查询统计、司法公开、绩效管理与评价等功能于一体的审委会信息化工作平台,实现与相关信息化平台的"五个对接"。对接案件审理系统,建立网上会议平台,实现审委会议题的提交、讨论、决定、督办、回复、落实等全程办理、全程留痕。对接审判信息管理系统、审判流程公开平台、"12368"诉讼服务平台,全面公开审判委员会委员信息,适度公开审判委员会流程环节,方便当事人查询了解。对接庭审录音录像系统,满足审委会委员网上"亲历"庭审需要,同时实现讨论过程全程录音录像。对接下级法院、同级检察机关视频系统,对因抗诉需要检察机关列席或因案件处理分歧较大等需要下级法院合议庭成员列席会议的,可通过远程视频会议的方式,实时发表意见。对接司法统计系统,实现全省法院审委会上会案件的实时、全面、分类统计,并与司法统计分析软件、数据平台中心深度融合,开展审委会讨论案件的深度研判,在司法大数据环境中充分发挥审委会的宏观管理指导职能。

案例 11

福建省厦门市中级人民法院

内部挖潜外部借力
科学管理审判辅助事务

如何有效减轻法官审判工作负担,通过内部挖潜、外部借力,使有限的司法资源更好地聚焦审判执行核心事务,最大限度解放司法核心生产力,是司法责任制改革后摆在各级法院面前严峻的课题。厦门法院一方面探索"诉讼+公证"模式对外借力,推进辅助事务外包;另一方面试行"辅助中心"模式对内挖潜,实行辅助事务集约管理。试行一段时间以来,收效显著。

一、探索"外部借力",推进审判辅助事务外包

厦门中院加强与市委政法委、司法局沟通,争取工作支持,同时加强对基层法院的工作指导,形成上下联动的良好格局。思明区法院、厦门中院及厦门其他法院先后与厦门市鹭江公证处共建

"诉讼与公证协同创新中心",入驻公证机构人员,设立调解组、送达组、调查组、保全执行组、信息化后勤保障组。

第一,诉前调解业务。法院聘请公证员担任特邀调解员,提供财产与地址确认、心理咨询等衍生服务,引导纠纷走公证债权文书而非诉讼的方式解决,实现民间借贷、婚姻、继承、抚养等常见纠纷的批量诉前分流。2016 年 11 月至 2017 年 5 月,公证机构诉前成功调解案件 265 件。

第二,司法送达业务。在公证全程见证、法院全程指导下,实行专业分组、辖区划片、集约上门、统一装备、运用 LBS 地图技术集中调度人、车等送达资源,探索适合电话、邮寄、现场、公告等多样化送达方式的工作方法。试行半年多来,集中送达次数达到 10 余万次。在此基础上,厦门中院及时出台《关于诉讼文书集中送达流程规定(试行)》,就人员配备、各方职责、文书交接、送达流程、工作要求、信息化、管理指导等进行全方位规范,实现各项事务的制度化、长效化管理。

第三,调查取证业务。充分发挥公证处在婚姻状况、亲属关系以及房产财产调查方面的业务优势,探索任命调查员或颁发"调查令"的方式,剥离耗费法院大量精力的婚姻家事案件调查工作。公证处组建专业调查员团队,以项目化模式提供受理申请、外出调查、固定证据等全流程、一站式的专业法律服务。试行以来,中心已开展家事纠纷调查近 2176 件次,调取客观证据 1253 份。

第四,财产保全业务。法院出具财产保全裁定书后,移交公证处办理。通过任命经双方考核的公证处服务人员为法院审判辅助人员的方式,集中剥离法院财产保全的事务性工作。中心承接该项事务以来,综合运用信息化手段和企业激励机制,提高了工作效率,规范了服务流程。试行以来共协助法院集约查控 2891 件次。

第五,执行辅助业务。依托公证处作为中立第三方的独立身份和社会公信力,双方建立执行工作快速联动机制,公证处指派公证员为腾房等执行工作提供被腾房人财物清点、记录、造册等公证见证服务,从源头减少争议发生;公证处还安排人员担任执行法官助手,协助安排工作行程,开展执行文书套打和送达等事务性工作。半年多来共协助执行法官草拟格式化裁定文书 4356 份。

二、致力"内部挖潜",推进司法辅助事务集约管理

在厦门中院的指导和推动下,湖里区法院率先设立福建省首个审判辅助中心,集中处理审判辅助事务,推进庭前准备程序制度化、流程管理科学化和辅助事务专业化进程。该中心成立三年来,一般案件平均送达周期缩短 14 天。

第一,科学配置集约资源。改革过去审判和辅助事务不分,法官及书记员对审判辅助事务分散处理的工作模式,将庭前辅助事务交由专人员集中负责。一是人员集中,整合民商事审判庭的辅助人员,抽调法官 1 名、书记员 6 名、协警 2 名组建审判辅助中心。二是业务集中,辅助中心负责民商事案件的首次送达、排期开庭、调查取证、鉴定等庭前程序性工作,实现辅助工作的集约化和专业化。三是外出集中,坚持统筹协调安排,对处于同一片区、同一路线的送达、调查工作集中进行,减少资源投入,提高工作效率。

第二,严格流程规范管理。改革过去庭前准备程序分散、随意等弊端,通过流程再造和精细管理,提高庭审准备的规范化水平。

一是分工精细化,辅助中心分为外出、内务和调查三个管理单元。外出组集中负责案件的外出送达工作,内务组负责案件的电话通知、邮寄送达、委托送达以及开庭排期和材料收转工作,调查组负责审查案件庭前准备程序有关事务、调查取证等工作。二是流程制度化,出台《审判辅助中心工作流程管理办法》,编辑《庭前程序工作手册》,上墙公示审判辅助事务工作职责、工作细则、工作流程图,规范办事程序,加强关键节点和时限管理,提高工作效率。三是进度台账化,制作电子台账,形成"三表两本",即案件开庭排期表、庭前审查情况表、中心工作情况表和可开庭案件移送签收本、其他案件移送签收本,及时完整记录受理的每项事务,做到件件能追溯、事事可查询。

第三,各负其责高效运转。改革"重裁判,轻审辅"的倾向,从影响和制约审判效率的关键环节入手,增强庭审准备事务的专业化程度。一是负责送达的做到"零停顿"。讲究送达时点,送达员采取午间、晚间、休息日加班的方式,错开当事人上班、外出时间上门送达;注重借助信息技术,开通送达短信通知平台,经当事人同意,采用电子送达方式,提高送达成功率。中心成立以来,案件送达率达88%以上。二是负责开庭排期的做到"一统筹"。区分疑难复杂和简易案件,规范开庭排期,增强排期的可行性。三是负责调查的做到"两分离"。实行案件庭前准备程序和庭审程序的主体相分离,担任对调查取证、证人出庭、延长期限、鉴定申请等事项进行审查,做好风险提示与后果告知。中心成立以来,法官助理担任调查取证322件、追加当事人87件、通知证人出庭121件、办理反诉36件。

案例 12

福建省泉州市中级人民法院

专业化集约化网格化
多措并举破解送达难题

送达难是制约司法效率的重要因素之一。2016 年以来,泉州市中级人民法院在全市法院实行专业化集约化送达。同时,在晋江、石狮、德化等地争取当地政法委、综治委的支持,运用城乡村居社区基层网格力量"人地两熟"资源优势,试行"网格化+司法送达"工作模式,由基层网格人员协助法院司法送达,取得一定成效。

一是队伍专业化。针对审判庭、合议庭、书记员在送达上存在的各自为政、单打独斗、重复劳动、效率不高,以及向被告方司法专邮送达退件率高的问题,依托全市法院诉讼服务中心及部分人民法庭,设立 32 个专门送达机构、配置 104 名专职送达人员,将审判庭直接送达有困难的送达事务剥离出来,由专门送达机构集约化办理,优化资源要素配置,让专业人办专业事,减轻审判部门送达负担,提高首次送达成功率。

二是管理一体化。针对当前异地诉讼、异地送达多发高发,传统委托送达中普遍存在的消极、怠慢、推诿,缺乏监督和考核等问题,依托信息化支撑,完善委托送达制度,全市32个专门送达机构按区域分片负责,不分本院他院、本省外省,一个标准一体办理,网络实时传送文书,专门机构就近直接送达,中院通过网络实时监管,全市一张网,协作一体化,有效破解异地送达难、成本高的问题,一年累计协助异地法院完成送达5000多件次。

三是首送约束化。针对一些被告,特别是明知会败诉故意在送达环节玩失踪、"躲猫猫"以拖延或妨碍诉讼等不诚实行为,按照最高法院关于建立送达地址约束机制的要求,完善送达约束机制,区分首次送达与后续送达,在首次送达中同步送达《提供送达地址告知书》,明确告知不提供确认送达地址的法律后果,首次送达成功后,第一审程序的其他次送达,以及第二审、发回重审、再审、执行等程序的全部后续送达按当事人确认的送达地址或者人民法院推定的送达地址邮寄即视为送达,构建"一次送达、次次送达""首次送达、后续畅通"的约束机制,一年来累计向当事人送达《提供送达地址告知书》16多万份,第一时间与16多万名当事人建立了约束机制,从源头上、制度上给恶意规避后续送达的当事人戴上"紧箍咒",后续送达中各种送达拖延、送达不规范的乱象得到极大改善。

四是流程信息化。针对送达工作长期以来线下运作、信息不透明、缺乏有效服务与管理的问题,率先建成跨法院、跨层级应用的统一送达信息系统,将邮寄送达、委托送达、电子送达、电话送达、短信送达、公告送达纳入信息化服务与管理,逐步实现送达事务从登记、发出、办理到结果反馈全程网上办理,当事人送达记录、送达地址全市法院共享管理,超期送达、异常送达行为实时监控的较为完善的送达工作信息化体系。

五是送达网格化。针对部分当事人,特别是明知会败诉的被告方故意逃避送达,以达到拖延办案期限的现象越来越严重的情况,积极争取市委政法委支持。2017 年 3 月 1 日,泉州市社会管理综合治理委员会在总结各地前期经验的基础上,出台了《关于人民法院司法送达工作纳入全市城乡社区网格化服务管理体系的通知》,从综治制度、网格队伍、信息技术等方面全面支持人民法院司法送达工作。全市范围内各村居社区至少指定一名网格员、综治协管员、治保主任、村居社区工作者、巡防队员等基层网格人员作为法院"司法联络员",实行名册登记管理,分片区协助法院司法送达,各县(市、区)综治委与人民法院共同管理、考核,把协助法院司法送达工作纳入基层综治年度考评项目。在城乡社区网格化服务管理信息平台上开通司法送达模块,打造法院司法送达与网格员协助送达的实时沟通平台。法院送达人员依照权限,在办公室就能通过网格化信息平台准确定位受送达人住所、楼宇,辨识受送达人及同住成年家属身份及照片信息。需要司法联络员协助送达的,可将受送达人身份信息、协助送达要求及期限等通过信息告知对应区域内的司法联络员,请求协助。

2017 年以来,基层司法联络员协助带路指引 2627 人次、提供线索情报 5780 次、出具去向不明的证明 367 件,极大提升了人民法院向被告方,特别是规避法院送达被告一方的送达工作效率,首次送达成功率近 60%,是传统邮寄首次成功率的 3 倍左右,同时,较高的首送成功率,能够及时与当事人确认具有法律约束力的送达地址,为后续每次送达平均节省了 15 天左右,一个案件平均的送达时间可以节省一个月左右。

泉州法院网格化统一送达平台,以全市法院 32 个专门送达机构为执法主体和"小网格"、11 个县市(区)基层网格员为辅助力量和"大网格",打出"小网格"跨域协作、"大网格"精准支援、信息平台无缝衔接、首送效力规则约束、综治考评制度保障的"五位一体"组合拳,与社会治理的社会化、法治化、智能化、专业化要求高度契合,实现人民司法与群众路线相结合、司法送达与社会综治相促进,首送由"专职送达人员+基层网格力量"打头阵,后送由"邮政快递+电子送达"后面跟,具有显著的综合效益。在不增加法院送达人员和成本投入的情况下,遍布城乡、村居、社区的网格力量,犹如法院深入村居社区的"眼睛"和"触角",不仅有助于破解"查房找人"瓶颈,提高法院首次送达成功率,也可依靠基层网格人员就地开展调解和解等工作,及时息诉解纷;不仅有助于破解送达难,也能够充分依靠和调用广大基层群众力量,助力人民法院全面深入开展执行工作;不仅有助于提高司法效率,而且有助于打击规避送达、妨碍诉讼、逃避法律义务等不诚信行为,促进司法公信和社会诚信建设。

案例 13

广东省中山市第一人民法院

以社会化解决操作性事务
推进专业审判纵深发展

　　广东省中山市第一人民法院面临的案件压力逐年趋增。以近三年为例:2014 年、2015 年、2016 年受理案件分别为 34905 件、47684 件和 68291 件,同比上升 11. 85%、37. 13% 和 42. 68%,2016 年受理案件量在全国 3177 个基层法院中排第 5。2017 年 1—5 月持续高位上升,受理 43451 件(含旧存),同比上升 31. 86%。与案件高增量鲜明对比的是,中山第一法院目前在编人员 237 人,其中员额法官 109 人,另有政府雇员等 251 人。随着司法改革深入推进,如何在有效解决案件高增量的同时,推进专业化审判发展,实现审判质效的同步提升,成为需要破解的首要难题。

　　经认真调研,中山第一法院认识到通过购买社会化服务将法院一般操作性事务"外包",是当前提高审判质效、破解人案矛盾的重要切入点。院党组研究认为,购买社会化服务应以问题为导向,重点解决四个问题:一是将法官从立案到归档繁杂工作中解放出来,解决法官大包大揽问题;二是通过购买服务方式向社会分离事务实现精细化分工,解决法院大包大揽问题;三是将购买社会服务与集约化管理、信息化有机结合,解决管理模式和工作手段滞后问题;四是通过案由差异化组建专业化审判单元,解决审判同质化问题。基于上述认识,中山第一法院先行先试、主动作为,立足自身实际迅速展开改革。经过不断磨合、完善、流程重造,打造出一套成规模、成体系、成建制的社会化服务模式。

第一,以社会化解决一般性操作事务,坚持需求导向,向社会购买符合规定的服务项目。一是明确购买范围,除行使判断权和法律规定必须由法院工作人员实施的工作外,将符合政策和法律规定的全部案件事务分离以购买社会服务解决;二是建立流程和标准,把对每个工作节点的办理结果的主观要求转化为按章操作的客观标准,保证购买的服务可控、唯一、合格,目前针对诉讼程序各节点建立操作规范 26 个逾 15 万字;三是严格按政府采购规定公开招标确定具体服务供应商,2014 年起,中山第一法院与广东汉普人力资源有限公司、中山市创业科技有限公司签订《审判执行事务性工作服务外包项目合同书》《庭审速录工作项目合同书》(以下简称《合同书》),目前审执服务、速录、诉讼服务中心、档案整理等 58 项工作实现了社会化;四是积极争取上级法院和当地党委政府的支持,以立项的方式申请项目专项资金。2017 年省财政批拨审执服务、速录、诉讼服务中心、档案整理四个社会化专项服务项目资金共 700 万元。

　　第二,以集约化提升社会化服务管理水平,逐步转变观念,强化风险防控。一是实现社会服务的两个集约化,即对法官服务的集约化和对群众服务的集约化,对法官的服务包括送达、信息录入、庭审排期和记录、统计、委托鉴定和评估、归档等项目,由审判事务管理办公室对接社会服务方集中管理,将法官及法官助理的事务性工作较传统工作模式减少约80%;对群众的服务包括登记立案、诉前调解、诉保受理、资料转递、信访、上诉等项目,由立案庭负责对接社会服务方集中管理,将群众除开庭以外事务90%以上集中在窗口一站式便民办理。二是解放思想,落实简政放权,由传统的管"人"变为管"事",在《合同书》中明确双方的权利义务,服务方负责人员的招聘、培训和企业化管理,法院只实施项目的交付、监督、验收。三是风险防控:通过人员培训和岗位技能考核严保服务质量、通过分散节点流水作业将工作碎片化使操作员无法知悉案件全貌、通过合同约定服务方承担的保密义务明晰法律责任、通过信息化精细到秒实时监控案件流转时长、通过配置视听监控设备存底取证等举措,有效化解风险,至今未发生一起审判秘密泄露事件。

　　第三,以信息化与社会化服务有机结合,大力推进智慧法院建设,实现管理模式和工作手段革新。通过信息化实现由人工到智能、由管"面"到管"点"的工作方式和管理模式更迭,形成社会化与信息化相辅相成、相互促进的工作格局。为此,中山第一法院制定了智慧法院建设三年规划。一是事务管理系统,包括人力资源管理、案件流程管理、开庭排期、诉讼保全、司法报表引擎等共9个项目;二是移动端 APP 建设,包括司法公开、法院移动端平台、庭审签到 APP、卷宗流转节点扫描 APP 共 4 个项目;三是自助服务系统,包括统一立案平台建设、24 小时自助法院共 3 个项目。目前已建成投入使用的有法庭资源管理、智能送达管理、卷宗签收流转等 13 个项目。此外,将信息化定位为社会化未来发展的方向,随着信息化的不断推进,越来越多的社会化项目将被人工智能替代,社会化成本将不断降低。以送达为例,购买 EMS 深度送达服务后,通过研发信息管理系统,实现法院与 EMS 数据共享等,原送达组由 18 人削减为如今的 7 人,人力成本降低 61.11%,送达效率提升 22.47%。

第四,以社会化实现人员分类管理精细化,组建审判团队,推进专业化审判纵深发展。一是深入推进人员分类管理,通过购买社会化服务,法官只负责"审、判、写",即开庭、签发文书、撰写部分判决书。记录等一般操作性事务外包后,传统的书记员角色已不存在,集体转型为法官助理。法官助理负责"管、核、写",即管理法官案件事务、审核审判服务结果、撰写大部分判决书和其他文书,以民间借贷单元为例,法官助理可撰写 90% 的判决书,成为法官的得力助手和预备梯队。二是组建审判团队,设置 33 个审判单元,形成各单元扁平化管理架构。三是推进专业化审判,实行单元案由差异化,以繁简分流、案由相近、人案均衡为原则确定单元管辖案件,各单元最多只有 10 个案由,单一案由的单元有 7 个。随着改革的深入推进,审执分工将更精细化、专业化,"让专业人做专业事"的导向进一步显现。

近三年的社会化模式实践,使中山第一法院在实现"增量、提质、减负"等方面成效明显。增量方面,法官减少结案增加,2015

年、2016 年分别为 131 人、115 人,结案同比增长 22.13%、28.73%,一线法官人均结案数分别为 288 件、405 件;2017 年 1—5 月法官减为 109 人,结案 20722 件,同比增长 24.79%,一线法官人均结案同比增长 28.18%。提质方面,2016 年审限内结案率升至 99.82%,生效案件改判发回重审率降至 1.3‰,信访投诉率仅 1.8‰,各项监控指标持续向好发展。减负方面,从总预算与总结案之比看,2016 年和 2017 年(计划结 6 万件)案均成本下降 26.96%,此外,社会化使法官从纷扰琐事中解脱出来,工作负荷减少。2016 年至今全院不再安排加班,走出了往年年初即安排加班的不正常现象。

案例 14

广东省东莞市第二人民法院

院庭长办案常态化
让优质审判资源回到审判一线

广东省东莞市第二人民法院目前共有政法编人员 177 人,事业编制职工 14 人,另有其他辅助人员 230 人,合计 421 人。入额法官 91 人中,包括院领导 4 人,业务庭(局)长 12 人,副庭(局)长 23 人,共计 39 人,均为一线资深法官晋升而来,占入额法官总人数的 42.86%。

全面落实司法责任制,优化审判资源配置,是本轮司法改革的重要目标。自 2014 年起,东莞第二法院就对所有院庭长提出具体办案任务要求,同时采取措施,切实减少院领导和庭长承担的非审判事务,根据院庭长工作时间资源分配和专业背景,合理确定办案数量和案件类型,发挥院庭长对审判工作的示范、引领和指导作用。具体改革措施如下:

第一,调研院庭长办公时间分配情况和事务性工作范围。东莞第二法院对全院事务性工作"减负"问题进行了专题调研,共计排查出会议等 48 项内部和外部事务性工作。同时,该院对院庭长的办公时间分配开展问卷调查,结果显示:以院庭长每周平均工作时长 53.5 小时为总数,综合审判管理事务需时 11.5 小时,其余内部管理需时 5 小时,法院内部沟通需时 2.5 小时,完成上级法院工作安排需时 2.5 小时,对外沟通联络需时 10 小时。剔除以上工作耗时外,院庭长用于个人承办案件的时间为 7 小时,个案审判管理的时间为 15 小时,两项仅占办公时间的 41.12%。需要说明的是,东莞市的基层法院并未按照行政区划设置,没有对应的同级党委和人大,对外沟通联络时间相对其他地方基层法院而言较少。

第二,创新管理大力精简事务性工作。东莞第二法院根据调研结果,采取了多项针对性改革措施:一是在人民法庭设置庭长助理。该院派出法庭年平均案件量超过 4000 件,个别法庭年收案量超过 6000 件,法庭庭长的审判管理工作繁重。庭长助理主要协助法庭庭长处理卫生、后勤、消防、安保、固定资产管理、物业维修等行政管理事务以及对外沟通联络工作。二是精简内部会议。优先采用视频会议、网络会议方式,根据会议内容明确参加人员;非业务性会议原则上控制在 1 个小时之内,安排在下午 4 点之后;业务性会议时间不受限制,有专人在会议结束后跟进落实成果的整理和共享。三是充分运用信息化办公平台。全面实现无纸化办公,建立重点资料共享平台,提高材料的利用率;重点开发行政办公信息平台,完善年终网络考评等行政办公功能。四是不断改革审执审批环节。对部分简易民事案件文书试行简化模板,对部分严重影响审执工作效率的环节进行改革,包括简化外出执行、保全的审批手续,诉前保全审批权下放,增加部分电子审批功能,取消部分案件审理报告等。五是沟通协调减少外部行政事务。经与上级法院和党委政府积极沟通,东莞市委政法委明确要求各镇与政法工作无关的会议无须人民法庭派员参加,以进一步去行政化,保障法庭庭长的办案时间。

第三,合理确定院庭长办案数量。考虑到院领导和庭长近年来办案数量较少的现实,根据院庭长的时间资源分配和案件审理一般需时,循序渐进确定案件分配数量,2015 年以来对院庭长作为承办人的办案任务要求是:院长每年办案 20 件,其他院领导每年办案 30—40 件,业务庭庭长办案数量达到本部门法官平均办案量的 65%,业务庭副庭长办案数量达到本部门法官平均办案量的 90%。该院还制定了《院庭领导办理案件规定》,明确院庭长参与合议庭审理案件的数量,严格落实上级法院的工作要求。

第四,发挥院庭长的示范指导作用。东莞第二法院所有院庭长都是毕业于法律院校的法学专业,担任领导职务之前长期工作在审判一线,审判工作经验丰富,其中任法官 10 年以上的 27 人,占 69.23%,任法官 15 年以上的 12 人,占 30.77%,研究生以上学历(含在职)16 人,占 41.03%。为充分发挥院庭长作为资深法官的专业优势,该院在确定院庭长办案数量的基础上,根据院庭长的专业知识背景和从业经历确定院庭长承办的案件类型,实行随机分案为主,同时要求院庭长每年承办一定数量的重大疑难复杂案件、新类型案件和在法律适用方面具有普遍意义的案件,并定期由院庭长召开示范庭。此外,该院还要求院庭长结合专业背景和分管庭室牵头承担相应的审判调研任务。

第五,完善院庭长办案监督机制。东莞第二法院每年年初拟定和公布院庭长办案任务量以及院庭长承担的调研课题,每月公布院庭长承办案件数量和结案情况,年末对院庭长的办案、调研及其他履职情况开展全面考核,监督院庭长真办案、办好案。

东莞第二法院院庭长办案制度的落实取得了四点重要成效:一是审判一线力量得到明显充实,院庭长办案数量不断增长。其中 2014 年院庭长承办案件结案 7156 件,占全院总结案数的 29%;2015 年结案 8180 件,占全院总结案数的 32%,比 2014 年提高了 3 个百分点;2016 年结案 11217 件,结案量同比增长 37.13%。二是院庭长审判经验丰富优势得到更充分发挥,能够带动和促进其他法官的办案积极性,审判执行工作进一步实现了良性运转。三是院庭长与普通法官之间的层级关系进一步淡化,院庭长通过办理新型、疑难、复杂案件,将业务指导功能转化为"以审案指导审判"。四是院庭长亲历审判工作,能够准确把握审判工作动态,掌握工作中出现的新情况、新问题,提出更全面更及时的应对方法。

2014 年以来,在院庭长办案的直接推动下,东莞第二法院相继出台了送达工作指引、审判执行辅助人员跟案工作指引、审前程序指引,对如何提高当事人到庭率、减少多次庭审次数、应对虚假诉讼等问题进行了专题调研,对诉讼服务中心进行了全面升级,推出了网上立案、交通事故网上法庭等,法院管理的科学化程度进一步提升。

案例 15

广东省深圳市福田区人民法院

要素重组与机制创新
推动审判团队新变革

　　审判团队模式是对法院人力资源配置机制的优化,也是对审判职权配置和审判管理精细化的创新探索。2012 年以来,广东省深圳市福田区法院率先探索审判团队改革,将要素重组与机制创新相结合,在实践中不断探索总结和优化完善,形成了审判团队改革的"福田模式"。

一、审判团队的组建以法官为核心,以审判需求为导向

　　福田法院审判团队的组建围绕执法办案第一要务,充分考虑权利属性、法官员额、繁简分流三个核心要素,考量了五个因素:一是以法官为核心,以审判中心作用为基点,突出法官和合议庭的审判主体地位,明晰办案责任。二是以人员分类管理为基础,以权利

属性为依据区分审判事务与辅助事务,在传统的法官和书记员"1+1"配置之间增加"法官助理"这一新的"变量",重新配置审判资源,建立更为高效的审判组合模式。三是审判团队以专业化为主,提高审判专业化水平,同时可设少数复合型团队审理多种类型案件,方便案件的合理调配和分流。四是根据案件类型的审判规律,按人案基本均衡的原则,科学核定全院审判团队总数和各审判领域配备数量。五是根据本院案件数量和发展趋势、审判业务类别差异、法官承受能力等因素,审判团队数量和人员配置可相应调整,形成以审判需求为导向、灵活应对案件变化的精细化资源配置方式。

二、审判团队的配置遵循以案定员、分类测算的原则

基于以上考量因素,福田法院审判团队的具体配置总体思路是:在确定合理工作量的基础上,测算法官员额;以法官员额为核心搭建审判团队人员结构;以繁简分流的分案模式为依据配置审判团队类型和数量。确定法官合理工作量,即年合理办案数量,是落实审判责任、组建团队的量化基础。为此,福田法院开展专题调研,对该院近三年办案情况进行大数据分析,根据不同案件类型的审判规律和特点进行分类测算,建立了审判资源科学配置的量化模型,在此基础上建立以案定员机制、审判团队配置方案,及差异化的审判绩效考核机制。目前,福田法院设置了 52 个审判团队。按照法官与助理的不同配置形成了"1+2+3"、"1+1"、"1+N"三种模式,其中"1+N"模式主要用于配置速裁快审快执团队,适应速裁、快执案件时限短、节奏快、辅助工

作量大的特点。

三、审判团队办案模式实现类案审理专业化，工作统筹集约化，繁简分流标准化

类案审理专业化，每个团队审理案件类型相对固定，集中审理1—2类案件。工作统筹集约化，由保全团队专门办理保全事务；司法辅助中心统一办理送达等辅助事务；庭审管理中心对庭审辅助事务、法庭统一管理调度；执行指挥中心在立案后立即开展被执行人财产"五查"；审判团队统筹分配每月工作，采取集中调解或开庭、集中调查取证等集约工作方式。速裁快审快执工作标准化，简化和规范办案流程，建立电子流程管理、电子卷宗、电子送达等信息系统，繁简分流提速提效。目前福田法院共组建16个快调、快审、快执团队，包括1个快调团队，11个民商事速裁团队，2个刑事速裁快审团队，2个快执团队，共有17名法官，40名辅助人员（含法官助理、速录员）。

四、审判权运行以权责一致为标准，实行扁平化管理、规范化监督

福田法院建立完善审判职权配置和司法责任制相关制度，以审判团队为业务主体，将业务体系由过去的层叠式转变为扁平化管理，建立了责、权、利清晰明确的管理体系，裁判权主要集中在法官和合议庭手中。规范审判委员会、院长、副院长、庭长行使的审判职权，院庭长对重点案件（如应当提交审判委员会讨论的案件、发回重审案件、社会高度关注的案件等）采取听取办案情况、督促

办案进度、建议提交专业法官会议讨论、提请审委会讨论等方式进行审判监督指导;属于审判委员会讨论的案件应由院庭长重点监督并经专业法官会议讨论。

审判团队改革在提升审判质效方面取得明显成效。福田法院2016 年受理各类案件 66150 件,结案 52664 件,同比增加 11166 件,上升 26.9%;以 108 名员额法官计,人均结案 487.63 件;审委会讨论案件的数量明显减少,2016 年讨论案件 24 件,同比减少48.94%。同期涉诉来访 424 批 553 人次,同比减少 26 批 107 人次,降幅分别为 5.78% 和 16.21%。2016 年 6 月进一步优化团队配置以后,到年底通过简案快办机制人均结案达 1421.81 件,以全院 12.4% 的法官及 12.4% 的辅助人员办理全院 50% 以上的新收案件。截至 2017 年 6 月 15 日,速裁快执团队共办结案件 12188件,占全院同期总结案数的 58.59%。

五、深化审判团队改革下一步设想

一是优化审判团队组建模式。速裁快审快执团队每名员额法官配置 N 名助理,普通团队每名员额法官配置 1 名专业助理和 1 名事务助理,分别组成基础办案单元,三个基础办案单元一个组成审判团队。二是优化审判团队结构。以"1+1+1+N"模式重组全院审判团队,由不同年龄、资历、专业能力的三名法官及 N 名助理组建成一个团队,按照"形聚神散"的模式运行,"形聚"是指审判团队作为相对固定和常态化的审判资源配置形式;"神散"是指严格落实司法责任制的要求,员额法官的审判权责平等。设置团队负责人,发挥"业务主心骨"的作用,突出审判团队的业务自我管理功能。三是优化审判团队运行机制。进一步明确独任制法官或合议庭、团队负责人、院庭长、专业法官会议、审判委员会的权责边界和运行流程。

案例 16

海南省陵水县人民法院
创新绩效考核模式　激发司改内生动力

　　陵水县人民法院作为海南省司法体制改革第一批试点基层法院,在尚不具备利用大数据分析进行绩效考核的情况下,结合本院实际,积极探索创新,实行分级分类考核,突出工作实绩,形成了简便易行、具有可操作性的审判业绩评价机制。2016年底,按照"三类人员,两类待遇"的要求,完成审判业绩考核,并兑现2015年、2016年度绩效考核奖金。2017年初,又将事业编人员、聘用制书记员、协警也纳入绩效考核范畴,实现了法院各类人员业绩考核全覆盖、改革红利全兑现,激发了法院工作内生动力。

一、分级分类考核,突出工作实绩

　　陵水法院制定了法官、审判辅助人员、司法行政人员、事业编人员、聘用制书记员、聘用制协警等考评制度,成立了考评委员会。

建立了以法官为主体,全员覆盖的法院工作人员绩效考核体系。

一是实行分级考核。由院领导班子和政工部门组成的院考核委员会负责考核综合部门和部门负责人;由院领导班子和审判执行部门业务庭长组成的法官考评委员会负责考核审判执行业务部门、法官、法官助理和书记员;由各部门负责人负责组织协调对本部门其他干警的考核。

二是实行分类考核。根据不同的工作岗位、工作性质和工作职责分类考核。部门按审判执行业务部门、综合部门分类考核;个人按部门负责人和法官、法官助理、书记员、事业编人员、聘用制书记员、聘用制协警分类考核。

三是突出工作实绩。绩效考核方案将公共部分、工作实绩和考核加分三项内容作为部门考核和个人考核的内容,其中工作实绩指标作为部门考核和个人考核的主要内容。例如:在总分100分的各类考核体系中,部门考核、部门负责人考核中的工作实绩指标占70分,针对法官、法官助理、书记员和其他干警等个人考核中的工作实绩指标占80分,充分体现了注重工作实绩的原则。

二、实施三重排序,兼顾审判质效

一是全院审判业务部门业务量排序。按照审判业务量的比重,给审判业务部门排序。通过比较各审判业务部门的审判业务量来确定审判业务部门的排序。例如,通过对2014—2016年民事、刑事、行政、执行、审判监督、立案部门办理案件数量的统计,按照各部门审判业务量的比重,依次来确定审判业务部门的次序排列。

二是审判业务部门法官审判质效排序。按照法官主办案件的质效,在审判业务部门内给法官排序。坚持量与质相结合的原则,对审判各业务部门内的办案法官排序。根据办案法官在所在业务部门内的办案数量和质量排序。办案数量指标在80分的法官工作实绩指标中占16分,办案质量和办案效率指标共占40分。例如,民事审判庭共有3名办案法官,2016年度主办案件林某165件,崔某164件,郑某138件,林某办案数量名列全庭第一,同时评定审判质量指标:一审案件改判发回重审率、上诉率、调解率、裁判文书质量等,评分后进行法官排序。其他各业务庭法官也以此类推在本部门进行排序。

三是全院员额法官综合排序。注重横向比较办案法官的质量和效率。法官考评委员会结合上述排序对全院员额法官办案的质量和效率再进行调配做综合排序。全院31名员额法官除了在审判业务部门已经排名第一的办案法官不再进行综合排序外,其他第二、三、四名依次往后排名的法官通过横向比较,再进行调配,在全院法官内做综合排序。

三、参照公务员管理,对应四档定等

参考公务员考核办法,确定法官绩效考核的档次和对应的奖励工资。陵水法院参考《公务员考核规定(试行)》的有关规定分为四个档次,分别对应优秀、称职、基本称职和不称职。按照四个档次确定对应绩效工资。1名院长、3名副院长和2名审判专职委员等6名院领导在完成规定办案指标后,凡是案件质量无差错的,直接定为二档,不参与优秀档次的考核。

四、争取地方财政支持,统筹全员绩效考核

一是根据改革需要,充实员额外队伍。在司改的大背景下,随着社会经济的发展和法治建设的推进,大量矛盾纠纷进入司法渠道,法院收案不断增长成为常态,靠增编不能解决问题,陵水法院积极探索推进司法雇员制改革。在县委、县政府的支持下,通过当地政府聘用速录员、协警来实现审判团队人员的合理配比,满足司法工作需要。

二是统筹各类人事关系,推进全院绩效考核改革。参考在职人员考核办法建立单独的事业编制人员、聘用人员考核办法并对应奖励工资。在省财政尚未设置科目、配备资金的情况下,积极争取地方财政支持,将事业编人员和聘用制书记员、聘用制协警纳入绩效考核范畴,事业编人员参照司法在行政人员考核办法参与考评,聘用制书记员参照本人同岗位的在编书记员考核办法参与考评,协警参照在编法警参与考评。

案例17

重庆市江北区人民法院

辅助事务集约管理　集中破解人案难题

近年来,重庆市江北区人民法院案件以年均45%的速度增长,2016年受理案件38264件,审结34453件,同比增长47.7%、49.6%,而同期中央政法编制数175人,人案比1∶197;首批入额法官60人,人案比1∶574。面对人案矛盾,江北法院扎实推进案件繁简分流,优化审判资源配置,通过集约化管理、社会化服务和智能化运用,着力推行审判辅助性事务"八个集中",审判工作效率明显提升。2016年,结案率90.04%,法官人均结案数达294件,案均审理周期64天。

一是集中文书送达。完善工作机制,打好"组合拳",努力解决送达难。首先,主动适用电子送达。由立案庭指定专人负责集约处理,凡当事人签署《司法文书电子送达确认书》的,业务庭将拟送达的文书电子稿,通过网上办公办案系统发送立案庭,立案庭原则上2日内完成送达,5日内将送达结果反馈业务庭。其次,因案施策集约送达。各业务庭根据案件实际情况采取分散与集约相结合的方式,针对物业合同、商品房买卖合同、劳动争议等类型案件,引导在部门内部相对集约,由法官、法官助理、司法警察组成送达组直接送达。2016年,集中送达6000余件次,占该类案件的82.4%。最后,无缝对接邮寄送达。与区邮政局建立法院专递工作对接机制,邮政部门派人至法院现场办公,实现专人跟踪、督促,充分利用邮政网络系统进行对口查询联系,送达回执第一时间反馈承办法官。2016年以来,全院共发法院专递53581件。

二是集中诉中保全。成立民事财产保全中心,集中处理财产保全执行工作。业务庭法官负责财产保全的合法性审查并出具裁定书,保全中心安排专人负责保全执行文书制作和外出执行。保全中心实行事务分类管理,分设多个"内勤组"和"外勤组","内勤组"负责保全执行文书等内部事务,"外勤组"专职外出执行,相互分工配合,快速完成保全执行事项。"外勤组"原则上按照1名审判员、1名辅助人员的"1+1"模式配备。2016年受理保全执行案件1440件,执结1232件,涉案金额达29亿元。

三是集中文书校核。2013年初成立文书校核中心,由经验丰富的资深老法官或返聘法官负责对本院裁判文书质量开展事前校核,有效避免裁判文书带错出门。裁判文书定稿后、送达前,必须发送校核室。校核中心采取智能纠错与人工审查相结合,对文书整体质量、格式规范、语言语句、标点符号、事实认定、法律适用等全面校对。发现错漏瑕疵的,以建议方式反馈承办人或合议庭。仅2016年,校核文书2万余篇,有效避免裁判文书带错出门。

四是集中电子签章文印。依托审判管理系统和文书电子签章软件,实现全部文书电子签章、文印一体化工作机制。对承办法官定稿的文书,由辅助人员发送机要室,机要室安排专人统一签章,随后机要人员直接发送文印中心集中打印。对集团诉讼案件,实现"盖一次章,打印一批文书",充分发挥效率优势。电子印章在公安系统备案,内网系统随机生成防伪标识,加盖电子签章文书不能自行修改,有效解决了文书防伪难题,促使承办人提高文书质量意识。2016 年,电子签章 2 万次,文印文书 242813 份。

五是集中执行查控。成立网络集中查控中心,专门负责执行财产线索集中查控,依托最高人民法院"总对总"网络查控体系,将网络查询延伸至网络查封、冻结和扣划。加强内部信息共享,在符合规定的前提下授权各庭审负责人查询,部门内勤之间定期汇总、交换案件涉案当事人信息,避免各自为政。协调公安、银行实行定点查控。与辖区最近的派出所进行执行联动,派出所安排专门人员对接法院查询户籍和车辆信息。与辖区银行签订联动协议,在较近的支行一次性查控当事人在本辖区该银行所有信息,且当天查询当天反馈,目前已有 12 家银行与江北区法院签订联动协议。

六是集中文书上网。对生效裁判文书集中公开,各业务庭书记员只需要准确录入生效日期,将拟公开的法律文书提交审管办发布即可。审管办指定专人负责生效裁判文书的隐名、审核和发布工作。2016 年,发布文书 12026 篇,裁判文书上网率均保持在90% 以上。

七是集中网络公告。出台《以信息网络方式公告送达法律文

书的规定（试行）》，从 2016 年 7 月 1 日起，率先在重庆法院全面
实行网络公告送达法律文书。需要公告送达开庭传票、判决书的，
由业务庭书记员将"网络公告法律文书"发送审管办。审管办在 2
个工作日内负责统一公布至"重庆市江北区公众服务网"公开平
台，并将公布后的网页"镜像"打印反馈承办人入卷。截至 2017
年 6 月 23 日，全院累计发布各类公告 6182 篇。网络公告送达案
件平均审理周期缩短约 22.5 天，为当事人节约费用约 540 余
万元。

八是集中扫描归档。在档案室下设卷宗扫描归档中心，招标
引进扫描公司入驻法院，专门从事卷宗扫描装订归档工作。扫描
中心设卷宗质量检查岗，由一名法院干警专职负责业务庭和扫描
中心的卷宗交接和纸质卷宗质量检查。机器设备配置及扫描装订
等事务由扫描公司全包，并根据移交卷宗数量，动态调整工作人
员。法官结案后，书记员完成案卷材料整理，填写移交清单，随卷
交付扫描中心即完成卷宗归档流程，除上诉卷宗需在扫描后返回
业务庭外，其余卷宗扫描装订后直接送档案室归档，既有效减少了
法官、书记员的事务性工作，又避免卷宗不断来回交接中的风险。
2016 年共扫描卷宗 1375030 页、归档 18795 件，抽查合格率
99.9%，平均归档时间缩短 24 天。

案例18

四川省成都市中级人民法院
依托信息化平台
推进审判监督管理法治化转型

2016年以来,成都中院以审判管理监督法治化转型为切入,通过强化审判管理与监督,明确了审判监督管理主体以组织化行权方式,在权责清单范围之内,通过法定程序监督个案、内部资源调配支撑审判、落实制度规范审判、机制创新保障审判的监督管理机制,有效保障审判工作的"质"与"效",取得良好成效。2016年,成都中院共受理各类案件23285件,较去年同期上升30.21%;审结12203件,同比大幅上升53.50%;结案率52.41%,同比上升7.95个百分点;结收比为68.10%,同比上升5.44个百分点;法官人均结案数为61.94件,同比增加17.02件,案件审理质效持续稳定提升。

一、规范自由裁量权，"定标"案件实体裁判

成都中院充分运用前期开展审判权运行机制改革成果，通过筑牢制度藩篱、打造专业化审判团队、强化类案指导，全面加强规范自由裁量权，实现裁判尺度的统一。

一是构建专业化审判团队。制定下发《关于构建新型审判团队的实施意见》，组建专业化审判团队，每个审判团队都专业化审理某一类或几类型案件。

二是制定类案审判指南、发布示范性案例。制定涵盖劳动争议、交通肇事、毒品犯罪等多发案件的 24 类案件审判指南。同时对全市法院的典型案例，由审委会讨论后以示范性案例的形式公布，指导类型案件的审判。

三是建立"同案不同判"报告机制。制定下发《关于实行"同案不同判"报告制度的规定（试行）》，通过梳理既有制度、规范和操作，将原有的法律适用与案件裁判尺度规则进行完善和整合，形成明确统一的工作流程制度规范。同时将上级法院发布的指导性案例、参考性案例、市中院发布的示范性案例及已作出的生效裁判纳入比对范围，开展大数据专题分析。

二、管控节点时间，"定准"案件程序流程

为解决法院久诉不审、久审不决和案件超审限等痼疾难题，成都中院从案件立案之日为起点，到案件归档结案为终点，实现对审判流程实行全方位跟踪。

一是以法定期限为基础，落实审限刚性管理。从案件立案到

执行等各个阶段,对流程中 183 个工作节点和 68 个监控节点进行监控管理。对程序法及司法解释明确规定期限的,严格按照法律规定执行,对法律未规定期限或属于事务性工作的,明确设定办理期限。其余与程序相关的所有事项,如调查取证、庭前会议、公示公告等,均纳入相应节点的期限之内,全面建立起以期限为核心的程序管理刚性机制,保证案件在审限轨道内规范运行。

二是筑牢瓶颈环节的制度藩篱,有效防止案件运行失控。结合审判实际,对审限"易失控"的流程环节做出针对性的制度应对。在立案阶段,结合立案登记制改革,优化立案流程,建立负面问题清单,实行立案窗口一体化;在审理阶段,对触发审限变更的各类事由,施以管控,杜绝隐形超审限;在结案阶段,对法官自行点击结案进行根本性改造,将确认完成送达作为刚性标准,彻底解决网上提前结案而脱离管控的问题;在上诉阶段,充分利用诉讼服务中心等设施,在诉讼服务窗口一站式办理上诉状收取、票据流转、卷宗移送等事务,明确案件移送流程、时间节点和审查标准,上诉流转"统进统出",保证上诉流转全程可查询、可追踪、可倒查。此外,还将档案扫描等事务性工作通过外包服务完成,最大限度将法官、辅助人员工作精力集中到案件裁判和程序推进上来。

三是借助信息化手段,以自动化、智能型平台实现"静默化、触发式"制度管理。从案件纠纷进入法院开始,实际诉讼环节流转的同时,在办案软件系统中对案件运行动态作同步、如实、全程记录,如果案件流程中所有的工作节点和监控节点均在合理审限范围内正常运行,系统会根据设置自动将案件从上一流程环节流转到下一环节。对于引起审限变更的外部事件,引起审限变更的公告、调解等固定事由，系统在触发时自动扣减、自动恢复审理，该过程以静默化的方式进行，不会对办案法官形成任何干扰；法律规定可以扣减审限的其他情形，如涉及评估鉴定的案件，系统会在"申请—审核通过"后自动计算审理期限。而对于案件"异动"情况，如审限过半或临近的、当事人提出申请异议超过规定时限仍未处理的案件"休眠"情形，系统也会被自动触发，通过绿色提示、黄色预警等方式催办提示，强制唤醒该类案件，并生成"异动"案件清单，发送审判管理监督主体督促。静默化流程管理制度"非异动情形不介入、非问题情况不监督"，确保实现审限合规变更、案件依法流转。

三、以事后评价、过程管控、动态管理的
方式，"贯标"法律标准

成都中院通过明确将实体和程序标准转变为监督管理标准，科学化、可视化检验标准执行情况。

一是事后评价。即坚持裁判后进行案件质量评查，结合专业化审判改革和三大庭审改革，将类案审理指南、示范性案例、庭审改革实施意见中确定的程序要求、事实认定与法律适用标准转变为评价标准，对原有评查标准进行再细分，分别适用于各类案件评查；结合错案责任追究，将生效改判案件全部纳入评查范围，通过会议评审的方式，全面评估、客观评价、准确定性，确保法官依法裁判不受追究、违法裁判必问责任。

二是过程管控。即程序问题与期间期限的及时管控，在个案流程信息化管理的基础上，由审判管理部门对全部案件节点数据、

审限数据进行统计分析,从相对宏观层面发现审判效率相对不高的审判部门、案件类型与工作节点,以分析报告的形式进行提示并提出对策建议。

三是动态管理。即对审判中出现的重大问题进行实时应对。通过专业法官会议对"四类案件"中的前三类——涉及群体性纠纷、可能影响社会稳定的案件,疑难、复杂且在社会上有重大影响的案件,与本院或上级法院类案判决可能发生冲突的案件——进行讨论分析,提出裁判的法律论证、处理方式建议、协调对接建议等供合议庭参考,为审判组织行使审判权提供咨询。

四川省德阳市旌阳区人民法院

综合施策多点发力
系统集成破解送达难

近年来,"送达难"成为严重制约审判效率的"顽疾"。四川省德阳市旌阳区人民法院在充分调研基础上,综合施策、多措并举、多点发力,综合运用电子送达、委托送达、约定送达、司法建议等多种方式,从易到难、以点带面、全面推进,探索多种送达新路径,系统性、体系化破解"送达难",取得明显效果。

一、互联网+电子送达,打开多赢局面

据统计,该院受理的民商事案件中,当事各方均有律师、法律工作者诉讼代理人的案件占比约为 62%;以保险公司为一方当事人的年均 1000 件左右,其中涉中国人民财产保险股份有限公司、中国平安财产保险股份有限公司、中国太平洋财产保险股份有限

公司的占比为80%，基于上述两个数据分析，旌阳法院决定：

第一，将电子送达逐步推广覆盖至全市律师事务所、法律服务所及全市保险公司。一是与市律师协会签订电子送达框架协议，约定向其会员单位的律师代理案件诉讼材料传递均采取电子送达方式；再与全市45家律师事务所中的44家签订"点对点"电子送达备忘录，约定以电子邮件方式送达诉讼文书，基本实现德阳地区有律师代理民商事案件电子送达全覆盖；之后又将"点对点"电子送达方式推广至全市35家法律服务所，进一步提高电子送达覆盖面。二是与上述三家保险公司签署备忘录，约定除判决书、裁定书、调解书、决定书外的其他大部分诉讼文书均以电子邮件方式送达；之后以点带面，通过市保险协会与另外21家财产保险公司、8家人寿保险公司签署备忘录，实现了涉保险合同案件电子送达全覆盖。

第二，积极推广"全省法院网上诉讼服务中心"功能。依托省高院技术支持，组织全市45家律师事务所开展网上诉讼服务中心功能使用培训并推广使用。使律师能够真正"足不出户"即可通过互联网办理立案、材料递转、证据交换、文书签收、保全申请等诉讼事务，因诉讼材料扫描可由诉讼代理人在立案时完成，可为法院极大节约人力和时间成本。

第三，积极推动无专业诉讼代理人当事人的电子送达。针对未委托专业诉讼代理人的当事人，制定规范文本，详细告知电子送达的便利和具体流程、法律效力，引导当事人指定电子信箱地址作为其诉讼文书专用送达接收系统并预留手机号码接收送达通知短信。审判人员在办案系统中诉讼服务功能点击网上送达与"全省法院网上诉讼服务中心"对接,当事人可凭立案时获取的用户名和密码,通过互联网接受诉讼文书。

二、公证送达,走出多重困境

第一,"互联网+电话送达+公证"赋予送达依据更强证据效力。将"互联网+"技术运用于司法实践中,与公证机构签署对电话送达进行公证的备忘录。法院采取电话方式通知当事人开庭、领取诉讼文书时,通话内容会在电信局端自动录音生成音频文件,同步存储至阿里云端;同时,由于通话后台与公证机构对接,在当事人事后提出异议时,公证机构可据法院要求通过后台的 VPN 通道调取通话录音,依法出具公证书,赋予送达依据以较强的证据效力,有效克服了传统电话送达"口说无凭"、录音证据保全难、数据易被篡改等弊端。

第二,诉讼文书委托公证机构送达为审判减负增效。与公证机构签署诉讼文书委托送达协议,将德阳市范围内须直接送达的事务外包,由公证机构派驻两名公证员提供送达事务委托服务。该举措进一步将原由各庭或各审判团队担负的直接送达事务从审判辅助事务中有效剥离,解决了以往"各自为战"、人员车辆紧张的局面。

三、关口前移,构建多元联动

将当事人约定送达与司法建议相结合,关口前移,多元联动开展类案送达难源头治理。

第一,建议金融机构与债务人约定有效送达地址的独立合同条款。针对金融借款合同案件公告送达率居高不下的问题,向占全院金融借款案件数量90%以上的三家金融机构发出司法建议,建议在签订金融借款合同时,应就债务人发生纠纷时诉讼文书的送达地址、法律后果及送达地址变更后的通知程序作出明确约定,且该条款应属于合同中有关有效送达地址确认和争议解决方法的独立条款,并予以重点提示。金融机构与借款人等签订"约定明确的司法送达地址"的合同后,若进入诉讼,法律文书按照该地址送达,即视为有效送达,无需再进行公告。

第二,建议物管协会、物业行政主管部门事先防范"送达难"。针对近年来物业纠纷急剧增加、送达难突出问题,向行政主管部门及行业协会发出司法建议:一是加强管理,提升物业服务水平;二是在物业服务合同中约定有效送达地址,一旦发生纠纷,不论物业单位中是否为业主本人居住,均视为有效送达。

第三,建议公安交警部门在交通事故处理环节事先防范诉讼文书"送达难"。针对机动车交通事故责任纠纷案件肇事方送达难的问题,建议公安交警部门在交通事故处理环节即要求当事各方签署有效送达地址,约定一旦进入诉讼即以该地址作为诉讼文书送达地址。

随着破解"送达难"破解工作的全面推进,改革创新的活力得到释放,旌阳区法院审判质效各项指数提升明显,审判效率显著提升。2017年1—5月,旌阳区法院收案数上升6%,因员额制改革办案法官较去年减少32%,而结案率从去年同期的41%上升至71%,同比上升了30个百分点,位居全市第一;一改过去长期全市倒数第一的局面。其中民商事案件结案率从去年的35%上升至

74%,同比上升了 39 个百分点,居全市第一,其中快速结案的案件量占总收案数近 80%。1—5 月收案数最多的民一庭结案率从去年的 31%上升到 75%。通过繁简分流、电子送达、向社会购买服务送达等举措,司法成本显著降低,以直接送达为例,旌阳区法院在此项工作中支出的费用与以前相比降低了 50%;实施电子送达后,涉保险合同类案件仅送达签收环节就可节约 5 天以上的时间,整个案件审理周期节约 10 天以上的时间。

案例 20

贵州省遵义市中级人民法院

科学测算法官工作
量助推司法责任制改革

　　2016 年 7 月,以司法责任制为核心的司法体制改革试点工作在贵州全面推开。为全面提升审判质效、系统集成破解人案矛盾,遵义市中级人民法院在贵州省高级人民法院的指导下,研究引入民商事法官审判工作量饱和度分析系统,在科学分案、均衡结案、精准管案、带动院庭长多办难案方面发挥了重要作用。

　　民商事法官审判工作量饱和度分析系统涵盖智能繁简分流、均衡分案、均衡结案、院庭长办理重大疑难案件四大模块,力图动态、实时、精准地评价每位法官的工作绩效与负荷,为科学调配司法资源,妥善保障法官权益,夯实司法责任提供重要依据,最终为司法责任制的落地见效创造条件。

　　一是精准识别繁简案件,繁简分流更为高效。立案是诉讼的起点,在立案环节借助智能繁简分流模块提取民商事案件立案信息,从 46 个案件要素分析评估案件繁简程度,量化难易系数,预测个案审理时间,精准、快速、无需人工干预地识别繁简案件,然后决定合适的分流路径,从源头上解决过去繁简分流不精准的问题,既能节省立案阶段的工作量,又能让各类案件及时地各行其道。系统运行以来,遵义法院共繁简分流 27671 件案件,耗时仅 38 小时,精准度接近 98%。若采用传统的根据案件类型或立案法官个人经验分流的方式,至少耗时 4612 小时以上。而且,全市法院从立案岗位分流 17 名工作人员到速裁组或简审单元,使优质资源向审判一线集中。同时,通过智能繁简分流,将系统识别的部分简案导入诉调对接中心或人民调解工作室,充分发挥委派调解、委托调解的作用,累计调处案件 3290 件;对部分合适的简案引导当事人选择适用小额诉讼程序、督促程序、担保物权实现程序,纳入快速审理机制,通过程序分流快速结案 3655 件。借助智能繁简分流推动矛盾纠纷多元化解,全市基层法院同期民商事结案中近两成的案件在一审环节得到妥善化解,为繁案精审、简案快审奠定良好基础。

二是科学分配案件,人案匹配度更为科学。建立在均衡分案模块基础上的自动分案,从类案权重系数向个案要素时间细化,确保分到每位法官和每个审判团队的案件难易搭配适当,而且使每位法官的工作量都在可以承受的负荷之内,避免了团队与团队之间、法官与法官之间的忙闲不均,办案效率高的法官并不会因为办案快而多分案,办案效率低的法官也不会因为办案慢而少分案,切实解决案件难易程度与法官办案水平、工作负荷不对称,难以保障案件质效的问题,相当于给每一个案件"称重",然后再交给相应"公斤级"的选手。

在随机分案基础上,均衡分案模块通过科学的个案难度及审判时间预测、办案各阶段的工作量分配曲线,经过数学模型分析得出法官在当前状态下的核心工作量数值,即工作量饱和度值,让分案从过去单纯的数量平均过渡为现在的难易程度均衡,不再以案件绝对数评价法官工作负荷。以遵义中院的两个民事审判单元为例,民一单元主审家事案件,民二单元主审商事案件,目前,民一单元收案614件,民二单元收案382件,传统上会认为民一单元的工作负荷重于民二单元,但是经过均衡分案模块测算,民一单元的工作量饱和度值为2980,而民二单元的工作量饱和度值为4120。也就是说,民二单元案件绝对数量虽小于民一单元,但其案件审理的难度与工作量却大于民一单元,这一分析突破了旧有模式的局限,更为客观地评价法官的工作,也为审判资源的调配提供了重要依据。

三是均衡推进结案,结案均衡度显著提升。均衡结案,主要通过建立到期结案率指标来指引,到期结案率有别于传统司法统计中的结案率,是合理预期内待办案件与已结案件之比,把合理预期之外的案件排除在考核评价之外。指引法官在案件的合理预期、合理工作量范围内办理案件,从而实现均衡结案,也为审判绩效管理提供了更为科学的路径。

基于大数据分析的到期结案率指标,提取个案在立案、分案、审理及结案阶段的信息,对于审限的粗放式管理开始迈向针对单个案件的精准化管理。案件预结时间的测算,提示法官哪些案件相对简单,哪些案件相对复杂,使法官对手中的待办案件可以作出合理评估,把更多的时间调配出来处理更为复杂的案件,在证据审查、事实认定、法律适用上进行更多的思考,有利于提高审判效率、保障案件质量。2017 年以来,全市法院结案均衡度保持在 90%—120%区间内合理运行,而同期的传统结案率仅为 30%—50%左右。

四是推动院庭长办理重大疑难案件,发挥带头示范作用。大数据的应用,使得有效贯彻院庭长办案制度成为可能,系统将按照院庭长的办案比例,根据案件难易系数提示,把重大、疑难、复杂、新类型和在法律适用方面具有普遍意义的案件优先分配给院庭长审理,充分发挥院庭长业务能力强、办案水平高的示范作用,提升审判质效,落实司法责任。2017 年以来,遵义中院院庭长收案3252 件,占同期收案的 50.39%;结案 2495 件,占同期结案的56.48%,更加凸显院庭长带头办案的改革导向。

第 二 批

（2017 年 12 月 28 日）

—

北京市第一中级人民法院

完善证人、鉴定人出庭制度
有效发挥庭审实质功能

　　北京市第一中级人民法院以完善证人、鉴定人出庭制度为抓手,完善出庭案件范围、操作规程、保障措施和司法协同机制,实现证人、鉴定人出庭常态化、规范化,有效提升庭审实质化水平,有力推进了以审判为中心刑事诉讼制度改革落地见效。改革以来,北京一中法院审理的 158 件故意杀人、伤害致死及重大毒品类一审刑事案件中,证人、鉴定人出庭作证 62 人次,其中警察证人、鉴定人出庭作证 39 人次,出庭作证警察占全部证人、鉴定人的 62.9%。

　　一是力促共识,协同推动。该院积极加强与公安、检察等部门的沟通协调,就证人、鉴定人出庭问题达成共识,建立协同推动机制。与北京市人民检察院第一分院、北京市公安局法制办共同会签《关于警察证人、鉴定人出庭作证的会议纪要》,明确刑事案件中存在"有警察目击存有争议的犯罪事实""侦查笔录存有争议需要警察陈述侦查过程""量刑情节需要警察陈述被告人到案过程及有关情况""鉴定意见存有争议需要鉴定人说明鉴定过程和依据""涉嫌非法证据排除需要讯问警察说明情况"等情形的,关键警察证人、鉴定人应当出庭作证,共同明确了关键警察证人、鉴定人出庭作证的启动、协调、流程、保护等一系列程序性规范,为落实证人、鉴定人出庭制度打下坚实基础。

二是细化规范,严格操作。该院研究制定《北京市第一中级人民法院关键证人、鉴定人出庭作证工作规范》,对审判实践形成规范指引。第一,细化证人、鉴定人出庭作证的条件和范围,明确证人证言、鉴定意见存有异议及对定罪量刑具有重大影响的认定标准。第二,明确申请和审核主体。申请警察证人、鉴定人出庭,应由控辩双方按规定程序提出,由法院审查决定。警察证人、鉴定人确有必要出庭的,法院也可自行决定。第三,明确出庭操作程序,由法院签发《协助通知警察出庭函》,由公安协助落实。如果警察证人、鉴定人确因客观原因不能出庭的,由公安机关向法院出具书面意见。第四,明确出庭规则,法院、检察院可在庭审前为出庭作证的关键证人、鉴定人提供必要的诉讼指引;庭审中关键证人、鉴定人依法接受控辩双方的交叉询问,除涉及国家秘密、侦查秘密的,必须如实回答控辩双方以及合议庭的发问。

三是尊重权利,强化保障。该院完善证人、鉴定人出庭保障机制,尊重和保护各项合法权利。第一,加强软硬件设施建设,一方面,对庭审所需的数字化大法庭及证人、鉴定人出庭作证所需的隔离区进行信息化改造,实现音视频信息的高清采集与实时传输。

另一方面,为出庭作证的证人、鉴定人设置专门的遮挡屏,防止暴露其身份信息、面貌特征,并且安排专人使用专用通道负责将出庭关键证人、鉴定人接送出法院,在物理上隔绝关键证人、鉴定人与被告人及家属的接触可能性。第二,会同公安、检察部门完善协同保障机制。对证人、鉴定人提出保护申请或检察院提出保护建议的,由法院进行审查,审查通过的,由公安机关及时采取针对性的保护措施。

四是增强协作,长效运行。为建立证人、鉴定人出庭的长效机制,提升公检法三方司法协同的能力和水平,该院与公安、检察部门共同制定了《关于建立刑事司法机关之间沟通、交流、协调机制的会议纪要》等工作规范,创新了公检法三机关之间多项司法协同联动机制。第一,明确公检法三机关定期就办案中存在的普遍性、突出性、类型性问题召开座谈会或举办联合教育培训。第二,针对个案中存在的证人、鉴定人出庭或侦查取证问题,法院可以发送司法建议、检察机关发送检察建议或纠正违法通知书,公安机关法制部门应安排专人负责司法建议、检察建议及纠正违法通知书的接收、调查和回函工作。第三,探索建立了控辩审三方互评工作机制。制定并发放《法官、检察官、律师刑事诉讼行为规范化评价表》,对参与具体案件审理的法官、检察官和律师开展互评工作,提升证人、鉴定人出庭作证等关键程序和环节的规范化水平。

案例2

北京市丰台区人民法院

打造"孵化器"式团队
"以老带新"形成整体合力

　　审判团队建设是落实司法责任制的关键一环。北京市丰台区法院紧扣基层队伍实际,创新改革思路,以"孵化器培育优秀法官"为指引,在民商事审判领域构建了"孵化器"式审判团队模式,将培育优秀法官与激发团队效能有效融合,确保司法责任制扎实有效落地。

　　一是以法官为中心,构建"孵化"团队。在院庭长行权模式改变的背景下,充分考量入额法官"U形"年龄结构、司法能力不均衡、带团队抓管理经验不足等因素,根据法官审判经验、业务专长、管理能力等特点,按照人案匹配原则,组建了19个"孵化器"式审判团队。即由1名资深法官带领1—2名审判经验相对较少的法官,与若干法官助理、审判辅助人员组成审判团队。通过团队内常态化、组织化、自觉化的协作配合与业务交流,切实发挥以强带弱、优势互补的团队孵化、培育作用,最大化激发团队效能。

二是以"平权""引领"为基点,设计"孵化"规则。团队内员额法官权责平等,团队负责人重点发挥在团队管理方面的引领、带动作用,负责协调办案进度、召集法官会议、组织业务培训、统筹辅助性工作等,确保团队整体提质增效。在案件分配方面,以"随机分案为主",案件从立案庭直接分到员额法官,搭建公平公开竞争平台;在结案管理方面,团队负责人把控结案总量和进度,灵活调度个体"变量",实现团队内部案件均衡分配,突出团队作战优势;在绩效考核方面,以团队为单位,法官评价与团队工作完成直接挂钩,增强法官的团队使命感、责任感。

三是以机制为保障,激发"孵化"功能。以"人"为本,建立裁判文书互评、重大复杂案件评议、长期未结案件均衡调配机制,通过集体研讨、互相评议取长补短、共同进步;以"案"为基,明确团队内重大疑难复杂案件均由团队负责人直接负责,实质参与案件的"审、议、决、责",充分发挥其审判业务过硬的优势特长;以"权"为准,改变庭长行权方式,监督所有案件程序运行,把控好重大敏感案件,团队内有实体争议的问题通过法官会议解决,做到放权不放任;以"表"为鉴,制定案件指标类、团队事务类和审判管理类三类表格供团队成员对照实施,团队负责人定期提醒、检查,作为考核评价基础,督促团队成员自我管理。

四是以"四化"为牵引,培育"孵化"成果。第一,推动团队"专业化",通过相对固定的审判资源配置、案由相对接近的案件审理,实现法官"审有所专,案有所精",推出精品庭审、精品案件、精品文书,培育专家型法官。第二,实行类案审理"规范化",通过团队内部的研讨交流,规范文书制作、统一裁判标准、创新工作方法,实现类案的统一审理思路和要点,保障案件质量。第三,促进法官能力提升"均衡化",通过对案件数量和类型在团队法官之间的合理调配,实行"总量包干、基数保底、类型兼顾",系统性提升团队法官的办案能力。第四,实施审判事务"集约化",通过灵活调度人力资源,集约团队内部送达、保全、证据交换等辅助工作,促进法官专注审判核心事务。

　　该院团队组建当月,在人员总量不变、不加班的情况下,19个"孵化器"团队均超额完成既定结案任务,共审结民商事案件1316件,占全院54个民商事审判团队结案总数的41.7%,占全院同期民商事结案总数的35.2%,做到了当月组队、当月下任务、当月见成效。团队运行三个月来,共审结民商事案件3201件,占全院54个民商事审判团队结案总数的40.5%,占全院同期民商事结案总数的37.2%。整体上,团队运行稳健、态势向好,改革效能逐步释放,实现了"1+1>2"的效果。

案例3

北京市房山区人民法院

依靠地方党委支持
推动司法人员分流安置

加强司法职业保障、释放改革红利、稳定干警队伍是司法体制综合配套改革深入推进的目标要求和重要内容。北京市房山区人民法院在推进人员分类管理改革过程中，充分依靠地方党委政府支持，积极争取改革政策保障，妥善分流安置人员，确保法院人心齐、队伍稳，有效保障了队伍稳定，激发了改革活力。改革推行两年以来，房山法院有117名法官入额，增补审判辅助人员105名，审判力量进一步增强，审判质效有效提升。

一、把好"三关"，筑牢队伍稳定基础

为确保司法改革平稳推进，该院积极争取地方党委政府支持，创造稳定和谐的改革内外部环境。

一是预先研判,把好人员分析"基础关"。设立"在线问卷系统"和"全院人员信息库"两大电子平台,对全院人员进行问卷调查,全面掌握干警思想动态,为做好思想政治工作奠定基础。二是主动介入,筑牢稳定队伍"责任关"。制定《房山法院司法改革思想政治工作实施方案》,建立院长、主管副院长、政治处主任、庭长"四级稳控责任体系",开展多层次、递进式思想政治工作,做到"三必谈",即党组书记与班子成员必谈、主管领导与中层干部必谈、支部书记与部门干警必谈,谈心谈话 495 人次。三是多方协调,夯实改革政策"保障关"。为创造有利于改革推进的外部环境,房山法院主动向区党委、人大报告改革工作,自觉接受监督指导,主动向区委政法委、区改革办报告改革进展,沟通反馈信息。在区党委统筹下,建立了司法改革沟通协调机制,协调区委组织部、区编办、区财政局等相关部门,解决了部分人员分流安置、职级职务晋升、信息化建设及社会服务购买资金支持等方面的问题,为推进司法改革提供了有力的政策保障。

二、"多渠道分流",稳妥安置未入额人员

该院在人员分流安置等方面积极拓展工作思路,综合采取入额、转岗、交流、晋升等方式,细化全员安置措施,方案到人、到岗,实现多渠道分流和稳妥过渡。

一是立足不同群体需求,打通职业发展通道。针对 73 名未入额法官主要集中在"哑铃形"队伍结构的两端、年龄差距大、职业发展需求差异大的情况,房山法院采取不同模式转岗安置。首先,用足政策,解决未入额老法官职级待遇问题。对年龄偏大、不适宜

从事一线审判工作的老法官,转入审判管理、诉讼服务、综合行政部门等岗位,并在晋级晋职中予以优先考虑,先后为 16 名 50 岁以上的未入额法官解决了副处级待遇;在区委、区政府的有力支持下,设立正处级专职工会主席一名,增加了处级领导职数。其次,规划路径,健全青年法官"梯队化"养成机制。针对未入额青年法官和法官助理规划成长路径,设置初级、中级、高级法官助理岗位,制定《法官助理进阶培养方案》,根据业绩考核和能力测评结果逐级晋升,建立从高级法官助理中遴选入额法官的机制,明确法官养成路径,稳定法官助理队伍。

二是加大干部培养力度,拓展职业发展空间。一方面,调动内部活力,积极推动干部选拔任用工作。改革以来,分别择优任命 10 名中层正职干部,启动中层副职竞争上岗,选拔了 13 名中层副职干部,其中 11 人为综合部门未入额法官,优化了干部队伍结构,调动了未入额人员积极性。另一方面,畅通外部渠道,健全法院与其他党政机关、高校双向交流机制,通过"走出去、引进来"拓宽干部成长平台。改革以来,一名未入额院领导当选房山区副区长,一名中层干部经市委组织部选派援疆,任新疆和田中级法院副院长,一名干部先后调任区委政法委办公室主任、辖区街道办事处副主任,畅通了干部交流培养渠道。

三、全程统筹,推动晋职晋级工作

结合人员分类管理改革进展,房山法院畅通区党委、区人大、区委政法委、区委组织部四条主渠道,积极酝酿、严格考察、全程跟进、紧密配合,推动建立常态化、梯次化、规范化的人员晋升机制。

近两年来,共完成146名干警的职级职务晋升工作,其中晋升法律职务70人,行政领导职务52人,行政非领导职务24人,正处级7人,副处级26人,正科级38人,副科级6人。

一是整体谋划,压茬推进。结合人员队伍动态情况制定年度晋升工作计划,建立覆盖领导与非领导、副科至正处岗位的全方位晋升方案,在遵循干部晋升工作规律的基础上,形成了梯次推进、循序渐进的晋升工作模式,增强了干警干事创业信心。二是抓住节点,畅通渠道。把握干部晋升的审批流程和环节,抓好关键节点,主动积极作为,加强同党委、人大的工作汇报和沟通交流,特别是在组织部门的酝酿、考察阶段做到精准配合,配合人员分类管理改革进程,争取绿色审批通道,形成良性沟通、各方支持的良好外部环境,在严格遵守干部选任标准和程序的基础上,实现审批流程提速。三是精准核算,动态管理。干部人事部门认真做好职级职数核算基础性工作,根据每月的人员变动情况实现职数动态管理,对职数空间进行合理配置并确定晋升额度,在晋升工作安排上兼顾现实需要和长远发展的双重需求,避免出现"突击提拔"和职数用尽的现象,通过精准化的职数管理提升了晋升工作的科学化水平。

案例4

天津市红桥区人民法院

推进综合配套机制改革
增强审判团队改革效能

　　司法改革全面推动以来,天津市红桥区人民法院通过强化繁简分流、推进内设机构改革、探索要素式审判方式改革、尝试辅助事务外包等综合配套机制改革,盘活用足现有力量,实现了审判团队的扁平化管理、常态化运行、科学化考核,在最大限度释放团队潜能的同时,确保司法责任制落到实处。

一、以差异管理为指导,推进审判团队组建运行科学化

　　一是根据案件难易程度,确定多元化团队组建模式。在对各业务庭案件数量、难易程度、人员结构进行深入调研分析的基础上,以现有部门和人员为基础,以审判效率和专业为主要考量要素,组建差异化审判团队40个。其中,在立案庭组建"1+1"的速

裁团队,推动小额诉讼程序"简案快审";在刑事审判庭组建"1+2+1"审判团队、在家事审判庭组建"1+1+1"团队,促进"类案精审"。同时,组建"1+1+"团队,将书记员同时编入 N 个团队,在简单辅助性事务上共享书记员资源。在团队人员配备上,根据办案时间和数量将法官助理分为高级助理和初级助理,根据员额法官资历和承办案件类型,进行合理搭配。

二是以内设机构改革为契机,弱化审判庭对团队的影响。通过内设机构改革,将原22个内设机构减至13个,将民一、民二、执一、执二等一些业务类型相近、人员匹配性高、紧密协同性好、存在业绩竞争的部门合并。审判庭设置更多地侧重流程监管督促,审判团队的人员由院里统筹调整,审判案件的种类、数量由审判管理部门动态调整,使法院扁平化管理成为现实。

三是以院庭长办案为推动,强化审判团队主体地位。院庭长全部编入审判团队,带头办理疑难复杂案件。在省高院规定的办案数量基础上提高正、副庭长办案指标,要求庭长个人承办(而非参审)案件数量达到本庭平均收案数60%,副庭长达到90%。2017年以来,院庭长审结案件占全部案件的44.52%。

四是以个性化的业绩考评,调动审判团队成员积极性。将审判团队作为整体进行绩效考核。考核办法以近三年的办案数量为基础设定目标值,综合考虑团队人数、审判职务等因素,为员额法官、法官助理、执行员、书记员分别设定对应系数。系数设定充分体现差异化,如员额法官办案系数设定为1,高级助理和初级助理分别为0.6、0.3,在编和聘任制书记员分别为0.2、0.1,兼职内勤的系数减半,服务多个团队的系数均分,能够承办执行实施事项的书记员为0.8。部门上一年度结案数除以部门人员系数总和,再乘以团队人员系数之和,即为该审判团队年度结案数量目标值。在此基础上,综合考量办案质量、效率、效果及司法标准化落实情况最终确定考核成绩。在绩效奖金发放上,按照案件受理情况将刑事、传统民商事、速裁、家事、执行团队作为一线审判部门,将立案、审判监督、审判综合部门办案团队作为二线审判部门,差异化设定考核满分值和加减分项,适当拉开档次,使考核标准向一线团队倾斜,激发工作热情。

二、以要素式审判为探索,推进审判团队办案高效化

一是要素提炼去冗。针对特定类型案件提炼表格式审判要素。比如针对房屋买卖合同纠纷,从房屋情况、买卖合同签订和履行情况、变更解除情况等方面提炼要素43个;针对房屋租赁合同纠纷,从合同形式、费用给付、装修装饰、转租约定等方面提炼要素24个。让法官助理通过运用《要素表》,提高庭前准备工作质量,通过庭前会议明确诉辩方向。

二是审理过程减负。法官在庭审时对照《要素表》提炼争议焦点,围绕要素展开审理,有效节省开庭时间,减轻工作量。此外,通过信息化等方式识别要素填写,一键生成判决书初稿,减轻团队工作负担。

三是类案审理加速。加大刑事认罪认罚和行政速裁探索,刑事速裁案件平均庭审时间10分钟,平均审限7天,最快仅2天,且没有发回重审和改判案件;行政简易案件平均审限19天,与往年同类型案件相比减少72天。此外,结合法官员额制改革,建立相

对固定、特色鲜明的家事、交通事故、劳动争议、金融纠纷等审判团队,做到类案同审、多案连审。

三、以辅助事务外包为依托,推进审判团队办案专业化

一是创新电话送达举措。率先启用"电话录音+公证"送达系统,通过电话告知开庭时间及地点、举证期限、领取诉讼文书等事项,通话内容全程录音,自动保存在公证机关存储平台,具有法律认可的证据效力。该系统启用以来,一次性送达成功率达77%,审判团队工作量减少30%,送达成本下降55%,让数据多跑路、法官及当事人少跑腿的目标初步实现。

二是探索诉前约定送达。制定《送达地址约定协议(条款)》模板,通过座谈、司法建议等方式,促使金融机构采用该协议模板,在其金融借款等业务开展中进行送达地址诉前约定,解决了大量金融案件"送达难"问题。

三是辅助事项集中办理。针对案件类型化突出,审判团队外出调查的对象、内容、路线等相对集中和重合的特点,将辅助性事务实行专门组织、集中办理,最大限度减少重复劳动,实现"1+1>2"。通过辅助性事务科学分流再集中,调查团队"一趟车,多办事",缩短了总体调查时间,进一步为团队减负。

四是服务外包扩大应用。在实行电子档案和电子卷宗的录入扫描工作集中外包的基础上,尝试将涉及审判执行工作的摄影、录像、影像留存归档、音像短片、演示文稿制作及内部控制建设等事项进行市场化外包,进一步释放人力资源,提升司法效能。

河北省沧州市中级人民法院

严格落实司法责任制
创新监督管理新模式

　　沧州中院全面落实司法责任制改革要求,积极探索保证审判权独立运行与审判监督管理权规范行使的有效途径,推行以"四类"案件为切入点的院庭长事中监督管理新模式,强化院庭长监督管理职责,确保"放权不放任,监督不缺位,到位不越位"。

　　一是建立公示平台,推行阳光监督。将院庭长对个案的监督管理,严格控制在职责和权限范围内,并要求以在工作平台上公开为前提,不进行公开标注的,不得进行个案监督,承办法官可以拒绝监督。该院利用多媒体平台,将 2017 年以来新收案件全部在大屏上滚动播出,立案庭在审查立案阶段甄别出需要院庭长监督的案件,通过在案件信息中标注、公示,提醒院庭长监督。承办法官收到案卷后,需要对案件进行再次甄别,对属于需要院庭长进行监督的案件,报审判管理部门在法院工作平台上进行标注、公示,提请院庭长监督。承办法官没有主动甄别出所办案件属于需要提请监督的,或甄别出未积极报请院庭长监督的,院庭长发现后,有权要求在法院工作平台上标注、公示,承办法官须按办案节点向院庭长报告案件进展和评议结果。自2017年8月1日开始,该院立案庭提请标注监督6件,承办法官提请标注监督11件,院庭长提请标注监督37件,在提请监督的案件中,行政案件12件、刑事案件4件、民事案件25件、执行11件。

二是明确案件类型,严控监管范围。该院根据最高人民法院《关于完善人民法院司法责任制的若干意见》规定,对涉及群体性纠纷,可能影响社会稳定的;疑难、复杂且在社会上有重大影响的;与本院或者上级法院的类案判决可能发生冲突的;有关单位或者个人反映法官有违法审判行为或法官遇到干预过问情形的"四类"案件,进一步细化具体情形,明确并限定了院庭长可以进行个案监督的范围。

三是强化监管责任,完善监管方式。该院着力解决司法改革后院庭长不愿监督和管理弱化的问题,要求院庭长对于被标注、公示提请监督的案件,必须听取承办法官汇报案情,掌握案件进展情况,实时监督。因院庭长怠于行使或不正当行使审判监督权或审判管理权,导致裁判错误并造成严重后果的,依照干部管理有关规定和程序追究院庭长的监督管理责任。同时,为了防止院庭长监督管理权的滥用,明确规定了院庭长对"四类"案件进行监督管理的方式,院庭长对于提请监督的案件,如果对审理过程或者评议结果有异议,不得直接改变合议庭的意见,可以按程序将案件提交专业法官会议研究或提请审判委员会讨论,院庭长监督建议的时间、内容、处理结果等内容,必须在案卷中和办公平台上全程留痕,并经审判管理部门在法院工作平台上进行公示,实现阳光监督。

案例 6

上海市高级人民法院

规范初任法官遴选
推进正规化专业化职业化建设

法官遴选工作关涉每位法官助理的切身利益,更事关法官队伍的长远发展。上海高院积极建立常态化的法官遴选机制,确立了"顶层设计、科学规划、规范实施"的工作思路,积极推动制度创新,科学开展遴选考核,首次从法官助理中遴选法官工作有序开展。

一、以三个坚持为导向,抓好遴选工作顶层设计

上海高院狠抓遴选工作顶层设计,以三个坚持为导向,自上而下有序推进。一是坚持符合法官职业特点。在遴选方案的设计和实施过程中,坚持遵循司法规律和法官职业特点,通过科学合理的考核考试程序,考察法官岗位应当具备的事实认定、法律适用、文

书写作、庭审驾驭等基本能力,确保选拔出来的法官能够胜任法官岗位的基本要求。二是坚持业绩导向和能力导向。初任法官遴选坚持业绩导向和能力导向,采用业绩考核和能力考试相结合的方式,做到层层筛选,竞争择优,把最优秀的人才选拔为法官。三是坚持向基层倾斜。根据中央《关于建立法官检察官逐级遴选制度的意见》规定,通过遴选的法官助理,应到基层法院任初任法官。上海法院通过遴选的法官助理,一律到基层法院任初任法官,切实为基层法院补充审判力量,为建立新型办案机制、应对人案矛盾、落实司法责任制提供政策保障。

二、规划科学的员额使用路径,实现法官队伍可持续发展

上海法院对员额的使用进行科学规划、全市统筹,避免"一步到位"用尽员额。一是确立"新老统筹"的规划,为新法官遴选预留员额空间。改革初,通过对现有编制和未来空编的合理规划,改革前已有的 8993 个编制产生的员额主要用于法官入额,改革后新拨付的编制产生的员额和每年员额法官退休空出员额,主要用于从法官助理中遴选法官,实现"新老统筹",从制度上为新法官遴选"预留空间"。二是采用分期分批的方式遴选,确保改革红利持续释放。在员额使用上,根据各院实际情况和员额空缺,兼顾历年各批次初任法官遴选计划,进行统筹安排。2017 年遴选完成后,员额法官预计达到总编制的 31%,2018 年预计达到总编制的 32%,2019 年预计达到总编制的 33%。按此计划,每年至少有 150 个左右员额用于法官遴选,保证逐年初任法官遴选入额率基本稳定,确保队伍不断档,发展有后劲。

三、构建初任法官选拔制度,提升法官队伍
正规化、职业化、专业化建设

上海法院确立"党管干部、公平公正、竞争择优、全市统筹"四项遴选原则,构建了初任法官选拔制度。一是形成了竞争择优、全市统筹的遴选方案。全市员额统筹安排,遴选工作在统一平台上、以统一标准进行。对所有参加选拔的法官助理通过业绩考核、笔试、庭审面试等方式进行全面考察,遴选标准严于审判员、助审员入额。二是确定了初任法官遴选程序步骤。初任法官遴选程序与法官入额遴选程序基本一致,主要考虑到现有法官入额程序已有较大熟悉度和接受度,有利于政策衔接,具体包括本人申请与承诺、基本条件审查、业绩考核、遴选考试、遴选委遴选、高院党组审议等环节。每个环节合格后方可进入下一个环节。三是明确了初任法官准入门槛和选拔条件。参加初任法官遴选,应符合《法官法》的基本规定,并通过国家司法考试,同时根据不同学历分别满足5—7年的最低任职年限要求。规定了四类不能参加遴选和一类暂缓参加遴选的情形。在本次遴选中,上海三级法院符合基本条件的法官助理共314人,自愿报名且通过资格审核的有296人,有18人未通过基本条件审核。

四、开创初任法官遴选新模式,确保
高素质人才进入法官队伍

上海高院研究制定具有针对性、可操作性的《实施方案》,创建初任法官遴选新模式,确保高素质人才进入法官队伍。一是建

立了主客观相结合的业绩考核方式。法官助理业绩考核分为工作评价和业务考核。工作评价包括指导法官评价和部门评价,这是主观考核。业务考核重点考察与法官岗位相匹配的工作业绩,这是客观考核。根据前期摸底情况,2017 年度法官助理业绩考核标准定为参与办理案件数量达到同期部门法官人均结案数的 30%,撰写调研文章至少 1 篇。二是建立了理论与实践相结合的能力考试方式。遴选考试内容包括法学理论考试、文书撰写考试、庭审面试三部分。法学理论考试,采用书面、闭卷、集中考试的形式,重点考察法官助理的法学理论基础和案例分析能力;文书撰写考试,试题采用"微型卷宗",考生需撰写一篇完整判决书,重点考察文书制作的规范性和熟练度;面试采用模拟开庭面试,重点考察对审判程序的熟练度、规范性以及驾驭能力。三是在全国首创庭审面试方式。上海高院首创庭审面试,用于检验法官助理是否具备一定的庭审能力。庭审面试分模拟庭审和现场问答两个环节,重点考察法官助理庭审程序掌握、争议焦点归纳、突发情况应对等能力,真实反映出考生是否符合初任法官的选拔要求。

案例 7

上海铁路运输人民法院
以创新思维构建行政案件
集中管辖改革配套机制

上海铁路运输法院自 2016 年 7 月 1 日起集中管辖静安、虹口、普陀、长宁四区的一审行政案件。改革试点一年来,该院创新行政案件集中管辖改革配套机制,实现了审判效率与司法公正的有机统一。行政诉讼惯有的"三高一低"局面,反转呈现"上诉率低、申诉率低、信访投诉率低、服判息诉率高"的"三低一高"新态势,行政诉讼生态不断改善。

第一,探索建立行政诉讼诉前调解和简案快审机制。一是在全市率先探索建立行政诉讼诉前调解机制,组建了一支由律师、专家学者、退休法官等专业人员组成的特邀调解员队伍,依法在当事人自愿前提下开展诉前调解,自 2016 年 10 月底诉前调解机制运作一年来,经当事人同意进入诉前调解的行政纠纷共 665 件,占全院同期行政收案数的 46.43%。经诉前调解，当事人撤诉或不再起诉 75 件，诉前纠纷化解率 11.28%，平均调解天数约 22 天，无当事人投诉。二是探索行政案件简案快审机制，将不服交通违章处罚等部分适用简易程序的行政案件纳入简案快审范围，明确办案流程节点，推进诉调对接等多元纠纷解决平台功能的拓展和衔接，努力实现纠纷的"一站式"解决。

第二，探索构建与跨区划管辖相适应的便利诉讼机制。一是积极开展巡回审判，针对集中管辖案件当事人跨区诉讼的客观实际，积极探索跨行政区划诉讼便利机制，如研发便携式巡回审判装备，开展巡回审判。二是积极探索手机 APP"e 调解"等信息平台构建，优化升级诉讼便民服务。以"智慧法院""数字法院"建设工程为依托，远程实现人民调解员与异地当事人的视频连线、诉前调解和司法确认。三是探索推进网上立案以及"随机分案、排期开庭"。推进网上立案、送达、阅卷等智能化便民诉讼服务，探索随机分案机制，由立案庭直接确定承办法官，并尝试在政府信息公开、征收补偿协议等案件中，由立案庭直接确定开庭时间，确保司法的公正高效。四是建设行政审判司法大数据库，专项研发行政案件司法大数据分析系统和跨区划审判智能辅助系统，提供类案推送、检索查询等大数据支持，提升审判管理专业化水平。

第三，探索与地方党委政府建立统一的跨区划良性联动机制。针对司法管辖区域与行政管理区域分离的实际，与地方党委政府建立了包括联动工作组织、信息共享互通、安全风险防范等统一工作联动平台，强化各方配合协作，形成参与社会治安综合治理的强大合力，确保案件集中管辖改革试点工作平稳有序推进。

案例8

上海市闵行区人民法院

立足信息化建设新阶段
完善法官业绩评价制度

上海市闵行法院把握司法改革的新要求,立足信息化建设的新阶段,探索完善法官业绩评价制度,并将之作为推动司法责任"落地生根"、员额管理"能进能出"、职业保障"权责对等"的基础性制度。通过一段时间的试行,新型业绩评价制度已经逐渐成为落实司法责任、提高审判质效、激活审判资源、提升司法能力的有效载体。

第一,以制度建设为抓手,搭建"3+1+1"考核基本架框。以"三个办法""一个平台""一项例会"的"3+1+1"机制,做实绩效考核制度的运行载体。一是制定《部门绩效考核管理办法》《法官绩效考核管理办法》《绩效考核奖励方案》,明确考核管理的内容、方法和标准,将考核要求压实到人。二是推进绩效考核管理信息平台建设,实现各项考核指标的自动采集、交互评价、动态跟踪、结果反馈等功能。同时依托业绩信息平台的开发,为法院日常管理提供数据挖掘、深度分析、可视化管理的工具。三是创设季度考核讲评例会,通报季度考核结果,同时以考核结果为依据,对全院审判资源配置、审判管理任务目标和瓶颈问题等进行分析讲评。通过法官业绩评价制度的运行为管人、管案、管事提供有力抓手与科学依据,带动审判质效持续提升。在案件数量持续增长的态势下,法官人均办案效率较改革前(2013 年)增长48%,上诉案件的改判发回瑕疵率持续下降。

第二,以人本为理念设计评价内容。按照考核重心下沉的基本思路,建立“以人为本”的评价内容体系,突出法官职业特性和专业属性,而非单纯地将上级法院对本院的考核要求、本院对部门的考核要求平行下移,分解转化为法官业绩评价的内容。一是突出重点,避免指标过于繁复导致失焦。办案业绩部分设办案质量、办案效率、办案效果、办案负荷四个一级项目,但二级项目由部门业绩考核的 18 个缩减为法官业绩评价的 6 个。删繁就简、突出重点,对法官给予清晰、明确的引导。此外,对法官的职业操守、业务能力进行专项评价。二是深入个案,避免指标过于抽象导致失真。法官办案质量、办案效率、办案效果评价,采用案件质量差错数、有责长期未结案件数等个案评鉴指标。依托案件质量差错责任认定追究机制、长期未结案件督办定责机制等,深入个案分析法官绩效真实水平。不再使用部门业绩考核中使用的二审改判发回率、平均审理天数等纯粹数量指标,避免抽象量化指标用于法官个体业绩评价时失真。三是考虑全面,避免指标过于绝对导致失准。在以法官主审案件为核心进行考核的基础上,将法官在审判团队中承担的其他办案任务作为增益指标,将法官助理分担的辅助工作作为制约指标。法官考核和团队考核既互为补充,又相互制约,努力推动审判团队发挥 1+1>2 的总体效能。

第三,以大数据为依托确立评价方法。通过司法大数据的应用,在深度分析的基础上科学设计法官业绩评价方法,在全局数据的基础上精准定位法官业绩目标。一是评价方法采取区间管理。在法官个体业绩评价中,统计数据只在区间范围内具有考核上的意义。因此,法官业绩评价方法上,为各项考核内容设置"四向区间",即合理区间、正向区间、负向区间和否定区间。法官总体业绩表现以各项考核指标所处区间加权计算。二是评价标准实行动态取样。确定法官业绩评价标准时,不再以经验判断为主,而是利用真实的、动态的司法大数据进行反复实测。利用散点分布和正态分布等可视化模型,以大多数法官可以达到的水平为基础设定合理区间,再结合工作目标要求,对合理区间进行微调。三是评价参数应用权重系数。将上海法院首创的对案件难易程度进行智能评价的案件权重体系应用于考核,在办案负荷、办案质量评价中,均考虑权重因素的影响。

第四,以激励为导向体现评价效果。考核结果最终形成两头小(最优与最劣)、中间大(良好与一般)的橄榄形结构,慎用"末位淘汰""办案排名"等相对机械化的考核结果运用模式,淡化过于细密的等次和过于精确的对比,避免将法官过度裹挟于业绩考核的压力。法官业绩评价结果实现"结果兑现",考核结果与薪酬待遇、员额管理、等级晋升挂钩,发挥法官审判业绩评价的激励作用。

同时,加强考核结果的公开透明和及时反馈,不仅使法官审判业绩评价发挥其应有的管理性功能,更重要的是使之发挥服务性功能,帮助法官改善个体行为。

案例 9

江苏省南京市中级人民法院

打造多层次监督闭环
确保责任制有序运行

南京中院深化司法责任制改革,坚持有序放权与科学监督相统一,努力避免法官裁判独立性增强后,滥用自由裁量权、裁判尺度不统一、案件质量下滑等风险隐患。该院充分发挥信息化、大数据、人工智能等现代科技的作用,推进司法权行使的微观指引,辅以质效数据的中观诊断,再通过大数据及队伍建设的宏观管理,不断完善审判监督管理新模式,初步实现法官不能滥权、不敢滥权、不愿滥权。与改革前的 2013 年相比,2017 年 1—11 月南京中院员额法官人均结案数上升 68.2%,民事案件调解撤诉率上升 9.69 个百分点,实际执行率上升 14.06 个百分点,案访比下降 58.3%,审判质效更趋良好,社会公信力上升。

一、微观层面,依托司法人工智能,变人工监督为智能指引

一是运用关联案件查询系统,防范恶意诉讼。在案件信息管理系统中嵌入"关联案件"自动查询软件,在立案、审判、执行等环节分别进行关联案件查询和提示,系统由立案和辅助人员以当事人名称为关键字进行搜索,查询到该当事人在全市两级法院的涉诉涉执情况,推送给办案人员分析研判与本案之间的牵连关系,并依照法律和有关规定分别作出处理。

二是运用参阅案例和法规推送系统,统一裁判尺度。将参阅案例和法规推送系统嵌入案件信息管理系统,对认识有分歧、较为复杂的案件,根据法官的指令,自动对上级法院、兄弟法院已经生效的类似案件进行搜索、分析、比对,全面、精准查找法律条文及相关司法解释,帮助法官避免裁判结果冲突。

三是运用同案不同判预警系统,纠正裁判偏差。通过案件法律要素特征,推荐全省范围内相似案例数据,自动分析相似案例中地区判决差异、案由适用、法律适用、争议焦点和证据引用情况,对裁判结果自动进行监控,实行裁判偏离度分析、预警提示,规范法官自由裁量权,推动"类案类判"。

四是运用文书自动纠错系统,实现文书智能校对服务。将法律文书自动校对软件嵌入案件信息管理系统,帮助司法人员及时发现和纠正逻辑错误、事实证据遗漏、法条引用错误等问题,提高裁判文书质量。

二、中观层面,依托信息化平台,变事后监督为程序管理

一是完善审判流程管理系统,实现全员全程案件质效监管。该院根据不同案件类型,将审判流程划分为 24 种标准流程,其中最复杂的案件有 67 个节点,最简单的案件也有 8 个节点。从立案分案到结案归档的每个环节和节点都纳入可查可控范围,实现实时监控、动态跟踪、及时提醒。

二是运用数字法庭庭审核查系统,规范法官庭审行为。庭审核查系统将自动识别法官、书记员在庭审的迟到、早退、非正常离席、着装不规范、接打电话、使用不文明用语等行为的,并通过短信发送给法官、纪律检查人员进行提醒,同时记录存档,作为法官、书记员业绩考核的依据。

三是运用案件质量评查系统,实现案件评查全覆盖。坚持常规随机评查、重点评查、专项评查相结合,运用信息化平台对审判案件从送达手续、事项变更、笔录制作、资料齐全、程序合法等方面进行智能评估,大幅节约管理成本。改革以来,共评查案件 2262件,与改革前对比,个案存在问题的占比大幅下降。

三、宏观层面,依托司法大数据,变粗放监督为精准监督

一是改革审委会监督机制,完善数字化审委会系统。将审委会职能重心由审理讨论个案向总结审判经验、研究重大问题转变。开发数字化审委会管理系统,对接案件审理、审判管理、质效评估、督查督办、绩效考评系统,实现审委会事项的讨论、督办、回复、落实等全程办理、全程留痕。将典型案例的发掘、遴选和发布作为审

委会的重要功能,定期对新类型案件、涉嫌虚假诉讼的案件、"同案不同判"等现象加以研究,对某些共性问题或审判规律性问题统一裁判标准并发布,以指导法官的裁判活动。改革以来,审委会讨论案件的数量同比减少49.79%,审议通过指导性意见18件。

二是运用审判质量效率评估系统,研判规律性问题。建立审判运行态势分析体系,设置各类数据自动生成功能,加强对多年积累的海量审判质效信息的分析研判,实时准确掌握审判运行态势、特点和规律,对一段时期内一个法院、部门、法官的案件质量、效率、效果,包括发回、改判、信访投诉等数据进行定期分析评估,及时发现需要重视和整改的问题,通报给有关法院和法官,并提醒其注意整改纠正,保障审判质效稳步提升。

三是运用审判绩效考评系统,发挥考评"指挥棒"作用。研发审判工作量评估软件,建立案件权重系数和评价指标体系,通过对不同类型案件的权重测算,实现对辖区内各法院、各业务部门、各办案法官审判工作量的检索、分析、测算,科学评价法官办案工作量,用大数据考核质量、效率、效果,用比较法分配奖金、调配人员、评先选优,优化资源配置,激发办案活力。

四是运用督查督办、信访投诉系统,督促责任落实。先后研发案件督办管理、涉诉信访管理、纪检监察管理等系统,规范案件督办、督查及整改。通过有序监督,警示法官要努力实现"案结事了",严谨认真地完成好审判活动中的每一项工作。信访投诉办理及结论等数据同样归入法官档案,进行定期通报。

案例 10

浙江省台州市中级人民法院

打好改革创新组合拳
实现案件提质增效

　　台州中院坚持问题为导向,采取多元矛盾化解、分类审判、集约化办理、科技减负等措施多管齐下,打好繁简分流"组合拳"。2016 年,台州全市法院新收各类案件 174969 件,办结 172654 件,分别上升 26% 和 29.4%,全市一线法官人均结案 302.4 件,上升 35%。

　　一、再造审判流程,打造多元化解和繁简分流新模式

　　一是创建"1+N+X"诉调衔接模式。整合乡镇街道综治调解、行业特色调解以及特殊主体特邀调解等调解组织资源,对接全市6000 余家调解组织和 2 万多名调解员,构建"1+N+X"多元化纠纷解决机制,将大量简单矛盾纠纷通过诉调衔接分流化解,鼓励引导当事人选择非诉方式解决纠纷,减轻审判压力。

二是创建调审衔接模式。建立调审衔接工作机制,选派未入额法官担任调解法官,组建"调解法官+调解员+书记员"的调解团队派驻诉讼服务中心。适宜调解的案件先交给调解团队调解,调解不成及时裁判,为司改后法院人力资源科学配置和案件合理分流疏通了渠道。

三是推进民商事案件分类审判。在全市范围实行民商事案件繁简分流,推行"简案快审""繁案简审"。严控程序转换,简化庭审程序,充分运用庭审录音录像改革成果,对简单案件无需人工记录,推行表格式、令状式、要素式等简式裁判文书。全市法院 2016年累计"快审"简案 42558 件,平均审限 22.2 天,"简审"繁案 6714件,平均审限 54.5 天,制作简式裁判文书 28290 件,占 50.7%,简易程序适用率达 77%,当庭宣判率达 68.78%。

四是推进刑事案件繁简分流。建立轻微刑事案件速裁机制,将 17 种适用简易程序且刑期一年以下的案件纳入速裁范围;建立集中诉审模式,加快案件流转,提高侦查、起诉、审判各环节效率;简化庭前送达、诉讼权利告知、庭审等程序,加快办案节奏;推行认罪认罚从宽程序、开展远程视频开庭提审、出台简化审案件裁判文书简化办法等四项配套改革举措,对多数无争议或争议较小的案件进行分流。自 2016 年 6 月份试点以来,全市基层法院审结一审刑事案件 7059 件,适用简易程序分流 4949 件,占 70.1%,适用简易程序中判处三年以下平均审限为 5.69 天;其中适用速裁程序1165 件,占 23.54%,平均审限为 3.3 天,极大提速审判效率。

二、科学分类审辅事务，创新集约化模式

一是类型化案件集约化审理。推行简易案件集中审理，对速裁案件尤其同原告案件实行集约化管理，集中立案、送达、排期、开庭、宣判，由同一审判组织在同一时段内对多个简易案件连续审理。每次集中诉审案件 5—8 件，庭审时间由 30 分钟压缩到 10 分钟。

二是民事送达集约化管理。探索新型送达模式，设立两级法院集中送达管理中心，实现全市法院诉讼文书送达信息化、集约化管理。温岭法院送达管理中心 2016 年共送达 42200 件，平均时间 4.8 天；电话与微信送达 13849 件，占 32.8%，平均时间 1.1 天；日均有效送达量从改革前的 54.3 件提升至 161.7 件，而公告适用率从 22%降至 15.3%。

三是诉讼服务事项集约化办理。建设集诉讼服务大厅、诉讼服务网、"12368 诉讼服务热线"三位一体的新型诉讼服务中心，实现线上线下诉讼服务功能互通，从原先单一的立案信访功能升级到现在的 42 项功能、100 余项服务内容，并引入调解员、志愿者、邮政、银行人员入驻集约化办理，让群众"一站式"办理庭审之外的一切诉讼事宜。

三、借助科技手段，促进案件办理的提速增效

一是开展庭审记录改革。探索以庭审录音录像代替传统书面记录改革，简化庭审程序、提高审判效率。2016 年以来，全市法院运用庭审记录改革方式开庭审理案件 62223 件，占可适用简单案

件的 81.98%,其中,70.18%的案件以无书记员模式开庭,让书记员更多投入到辅助性事务,有效缓解了司法辅助人员紧缺问题。

二是开展轻微刑事案件远程视频庭审。对轻微刑事案件实行远程视频庭审、提审,有效缩短了庭审平均用时,缓解了人案矛盾,节约了司法成本。

三是推动"互联网+"司法服务建设。推进网上立案、阅卷、送达、信访及收退费,着力打造全方位、立体式的"互联网+"诉讼服务,方便当事人通过互联网办理全部的诉讼事务。黄岩区法院成功受理远在福建泉州的当事人提起的全国首例跨省网上立案,并通过该院自主研发的法律文书网上送达软件向被告同步送达。

案例 11

湖北省高级人民法院

多措并举托低保高
妥善推进财物省级统管改革

湖北高院积极争取地方支持,注重多部门协同配合,稳步推进省级以下地方法院财物统管改革,财物统一纳入省级管理,妥善化解了法院基建债务,经费保障水平保持稳定增长。

一、规范资产整理,完善资产信息

一是开展资产清查。全省各级法院成立资产清查工作领导小组和工作专班,周密部署、全面盘点。通过清查,核实债权债务,摸清"家底",形成了专项审计报告,并依托内网建立了法院系统资产管理群,宣传资产管理有关规定,讨论资产上划工作中难点和热点问题,为资产上划做好准备。

二是组织调研自查。组织全省法院资产管理工作调研,通过调查问卷、座谈会、实地走访考察等形式,全面摸查资产上划省级统管工作中可能出现的问题。在资产数据上划至省直资产管理系统后,积极帮助中基层法院收集佐证材料,先后协调财政厅对 65 家中级、基层法院的上划资产数据进行了修正,为资产上划夯实了基础。

三是严格资产核实。资产上划统管后,针对部分法院资产上划期间出现的问题,先后对 122 家中基层法院的资产信息进行核对和纠错,并对 40 家中基层法院上报资产盘盈、资产损失和资金挂账的损溢证据进行甄别确认。根据审批权限对符合处置要求的资产核实事项进行批复,督促上报资产核实申请的单位依据省财政厅和省法院对资产核实的批复,及时调整资产管理系统的相关数据并同步进行财务处理,做到账账相符、账实相符。

二、加强制度建设,强化监督问责

一是研究建立运行机制。主动协调省财政厅相关部门,探索依托各中院建立三级管理体系,形成湖北高院统一组织领导,中院分级负责辖区法院、基层法院资产管理定人定岗的运行模式,资产管理效率得到较大提高。

二是加强管理制度建设。依据省财政厅修订出台的《湖北省国有资产配置、使用、处置管理办法》,结合省直资产管理系统和法院工作实际,细化资产预算配置、使用、处置、决算的具体流程,完善资产登记、更新、处置、移交、出租、出借、盘盈、盘亏等情况下的审批程序,形成《全省法院资产管理工作暂行办法》,使资产管理进一步精细化、规范化。

三是完善监督问责机制。立足全省法院实际情况,形成资产管理内部控制评价指标,严格日常管理监督;依托年度资产管理考评工作,进行资产绩效考核,促使问责常态化;通过绩效考核及过错责任追究制度,奖励先进、鞭策后进,保证资产的安全性和完整性。

三、创新管理手段,动态监管资产

资产上划后,针对系统资产日常管理工作繁重、地理范围广的问题,借助法院内网即时通信软件,建立全省法院资产管理群,通过资产管理群平台及时发布消息、交流信息、答疑解惑和共享资料。针对时限强的工作,及时进行网上工作进展通报,有力促进了下级法院完成工作的主动性。资产的配置、处置等业务性的申报文件还可通过资产管理群发送扫描件,实现公文流转网络化,提高公文运转速度,大大提升工作效率。

四、加强队伍建设,确保资产管理精细化

针对部分法院没有及时配备资产管理人员和设置资产管理岗位,一些非财务人员临时兼职,严重影响了资产管理工作正常运行的状况。湖北高院每年举办一期全省三级法院资产业务培训班,组织资产管理人员互相学习交流,并同时通过制定文件汇编、开办司法行政工作简报等形式,加强财务业务指导,总结推广资产管理较好单位的先进经验和管理模式,有效提升了资产管理人员的业务能力、资产管理意识和资产管理水平。

五、借助科技助力,促进财物统管

组织研发湖北高院财务集中监管系统,主要包括 10 大功能模块:基础数据管理、账务管理、电子报表、出纳管理、财务查询与分析、网上报销、案款管理、资产管理、行政事业单位内控监督评价、领导决策支持。目前,基础数据、账务管理、账务查询、网上报销等模块已基本具备试点上线要求,并将在襄阳中院、荆州中院、汉江中院进行试点运行。财务集中监管系统进一步推进了全省法院内控机制建设,加强了上级法院对下级法院财务指导和监督,提高财务管理质效。

案例 12

广东省广州市中级人民法院

全面深化综合配套改革
压茬拓展改革广度和深度

广州中院在推进司法体制改革过程中，坚持以全面落实司法责任制改革为核心，统筹开展各项综合配套改革，着力增强改革系统性、整体性、协同性，压茬拓展改革广度和深度，构建起系统完备、科学规范、运行有效的改革制度体系，有力促进审判质效提升。

第一，实施繁简分流机制改革，探索有限资源最优配置。为解决简单案件消耗过多优质审判资源的问题，该院构建以"立案初次甄别、速裁团队审前排查、复杂案件谨慎退出"为主要内容的二次繁简分流机制，创新"示范诉讼""门诊式"庭审模式，全面建立远程视频开庭、提讯系统，探索网上协同办案模式，推进庭审记录方式改革，建立起涵盖民事、刑事、执行的多层次案件繁简分流体系，实现简案快审、繁案精审。2017 年 1—9 月，广州中院通过繁简分流机制分流案件 9457 件,占案件总量的 29.3%,全市法院共分流案件 65919 件,占案件总量的 22.8%。

第二,完善审判管理监督机制,确保权责统一、监督到位。为解决放权与监督的矛盾关系问题,落实对法官主体责任的监督,该院强化审判流程管理和风险防控,研发审判执行流程节点管控系统。突出抓好审限内结案,探索实行超审限系统自动"锁死"机制,实现了"零超期"目标。建立民事、刑事长期未结案专业调查委员会,制定《广州市中级人民法院长期未结案件管理办法》,实现调查监督常态化。2016 年以来,调查委员会共调查案件 4020件,长期未结案逐年下降。建立发改、涉访案件质量监督流程管理制度,加强对发改、涉访案件的讨论评析,制定具体办理程序和期限。建立案件质量倒查工作机制,进一步完善纪检监察与违法审判责任追究的工作衔接。

第三,建立案件标准化裁判机制,统一裁判尺度。为解决司法责任制改革后审判权分散、裁判尺度不一的问题,该院建立标准化裁判机制,统一裁判尺度。一是进一步完善专业法官会议,为合议庭正确理解和适用法律提供参考意见。二是建立"判前文书检索机制",通过生效裁判文书内部智能查阅系统,在全市法院已生效裁判文书范围内主动向审判人员推送关联案件。三是制定类型案件的统一裁判标准、建立疑难案件会商制度,2017 年以来已制定包括《醉酒驾驶案件审判参考》等在内的 8 个审判参考。四是加强改判案件的分析点评工作,对上级法院发改的全部案件进行分析点评,2014—2016 年共点评发改案件 340 件。五是进一步完善两级法院参考性案例制度,通过定期召开专业审判工作会议、研讨会等方式,加强与基层法院的业务沟通和指导,确保两级法院裁判尺度统一。

第四,深化审判辅助人员管理改革,让法官回归案件裁判核心工作。自 2013 年起,为解决案件审理中法官花费大量时间从事辅助性事务进而影响办案质效的问题,让法官专注于"审"与"判",压茬推进一系列关于审判辅助人员改革的举措。一是积极争取市委支持,配齐配强审判辅助人员。全市法院法官与法官助理、书记员的配置比例从 2013 年的 1∶0.23∶0.62 提高到 2016 年的 1∶1∶1,并根据审判实际需要进行动态调整。二是细化辅助人员工作职责,制定《审判辅助人员管理改革方案》及 8 个配套实施细则,将办案流程细分为 60 多个工作环节,明确法官助理、书记员工作职责,在全国率先出台法官助理负面权力清单制度。实行三级九等分级管理,将辅助人员薪酬与等级挂钩。三是突出薪酬保障,聘任制审判辅助人员经费由市财政专项列支。2016 年 1 月起,该院聘任制法官助理和书记员工资水平分别达到广州市在岗职工年均工资的 119% 和 80%。

第五,开展以审判为中心的刑事诉讼制度改革,全面提升司法人权保障水平。为更好地遵循刑事审判规律,完善人权司法保障,2017 年初,该院出台《以审判为中心的刑事诉讼制度改革方案》及五个配套实施规程,全面提升司法人权保障水平。一是深入推进刑事速裁试点工作,创新"轻刑快审""刑拘直诉"等快速办案模式,大幅提升办案质效。二是探索推进认罪认罚从宽试点工作,探索后置式全流程量刑协商机制和分级量刑激励,落实全面律师帮助制度。部分适用认罪认罚从宽制度的普通程序案件审理期限由三个月压缩至不到二十天。三是全面落实庭前会议、排除非法证据和法庭调查"三项规程"试点工作,推进庭审实质化,切实防范冤假错案。四是切实保障刑事被告人辩护权利。在全国率先落实"刑事案件辩护律师全覆盖试点",与市司法局联合印发《广州市开展刑事案件律师辩护全覆盖工作的实施细则(试行)》,全面提高刑事案件律师辩护率,促进刑事司法公平公正。

第六,推进智慧法院建设,全面支撑各项司法体制改革任务。为促进审判体系和审判能力现代化,更好地满足新时代人民日益增长的多元司法需求,该院围绕执法办案第一要务,建成具有鲜明特色的"三通一平"智能诉讼服务体系。律师通过"律师通"、当事人通过"审务通"办理事务,查询信息,联系法官。法官通过"法官通"回应上述需求。诉讼群众还可通过 12368 平台提出需求并及时得到反馈,全面增强诉讼便利。在全国法院率先实现"法官人人有直播、法院天天有直播、案件件件可直播",司法公开成效显著。依托信息化实现对法官工作的科学评价,建成司法数据公众服务中心,通过可视化的审判质效量化评估模型、工作绩效量化评估模型,实时构建全市法院审判质效运行图表,推进通过数据运用科学合理分流案件,对法官个人绩效进行运算、统计、排名,全面展开精细化管理,为提高整体办案质效提供科技支撑。

广东省深圳市中级人民法院
创新办案配套机制
繁简分流助推改革效能

2016 年 6 月以来,深圳法院创新办案配套机制,以繁简分流改革为抓手,重整案件流程,优化资源配置,构建全口径覆盖、系统性分流、标准化速裁的全新工作体系,取得了"两增两升"的效果:2016 年,深圳法院结案 277631 件,同比增长 23.7%;法官人均结案 283 件,同比增长 30.4%;一审服判息诉率明显上升,各基层法院在收案大幅增加的情况下,上诉案件不断减少,2017 年上半年,深圳中院新收二审案件同比下降 8.83%;办案效率明显提升,速裁案件综合结案周期平均 42.5 天。

一是全口径全层级分流。在全市两级法院,在刑事、民商事、行政、执行各业务领域,在一审、二审各层级,区分简单、普通、复杂案件,分别交由速裁法官、业务庭普通法官、院庭长审理,实行简案快审、普案细审、繁案精审。

二是一、二审程序衔接贯通。为避免简单案件一审快二审慢的问题,开发速裁案件管理系统,速裁案件电子档案自动生成,上诉案件通过系统自动流转并进行特殊标识,全部交由市中院速裁庭审理,确保简单案件在不同审级都能进入快车道。

三是执行案件纵向分流。依托该院"鹰眼查控网"和最高法院"总对总"系统,对执行案件进行"漏斗式"过滤,立案时全部交由快执团队先行"五查",进行首次分流,再根据财产变现周期长短和难易程度,进行二次分流。改革推行一年来,全市法院快执结案 46163 件,占同期执行结案的 46.59%。

四是专业化团队集中办理。深圳中院和福田、罗湖等 4 个基层法院设立专门的速裁庭,其他法院成立速裁中心,配齐配强速裁快执团队。目前全市法院共设速裁快执团队 67 个,配备法官 136 人,占全市法院法官总数的 16%,并按不低于 1∶2 的比例为速裁法官配备辅助人员。截至 2017 年 7 月,两级法院通过速裁快执程序办结了同期 50% 的案件,其中南山法院刑事案件、宝安法院执行案件、盐田法院民商事案件的速裁快执结案占比分别达 78.63%、78.53% 和 70.16%。

五是全流程标准化。制定《简单案件立案识别分流标准》《复杂疑难案件立案识别分流标准》,建立"案由+要素"智能识别模式,使案件分流标准化,市中院案件智能识别准确率达到 90%。制定《简案快办标准化流程指引》,实行"门诊式""要素式"庭审,采用令状式、表格式、要素式简化裁判文书,推行简便灵活的送达方式,统一排期开庭,集中时间多案同审、多案连审,达到办理流程标准化。制定 43 个涵盖主要案件类型的裁判指引,确保类案同判,实现裁判尺度标准化。

案例 14

广东省佛山市中级人民法院
规范管理强化激励
推进辅助人员队伍专业化

佛山中院深化司法人员分类管理改革,完善审判辅助人员招录和管理制度。2017 年 9 月底,该院通过政府雇员转任和社会公开招录的双轨并举方式,完成 171 名劳动合同制审判辅助人员的选任工作,并全部配备至办案一线,整体上实现员额法官和书记员1∶1 配置。同时,建立等级晋升机制,完善薪酬保障,健全绩效考核,劳动合同制审判辅助人员队伍初步建立。

一、积极沟通,争取党委政府大力支持

积极向市委请示报告,多方面积极沟通,得到了佛山市委市政府的大力支持。2017 年 8 月,市政府办公会议专项研究劳动合同制司法辅助人员配备和保障问题。会议明确,按照 1∶1 足额配备

劳动合同制司法辅助人员,由市人力资源社会保障局、财政局按不低于同级公务员人均收入水平的70%核定劳动合同制司法辅助人员薪酬人均核拨标准,并落实经费保障,纳入市法院年度预算,实行动态调整。

二、统一身份,规范审判辅助人员队伍管理

佛山法院原有的审判辅助人员队伍由事业编、工勤编、政府雇员、劳动合同、劳务派遣等多种身份人员组成,身份多元带来内部矛盾增多、管理难度加大、风险隐患提升等问题。佛山中院严格按照《广东省劳动合同制司法辅助人员管理暂行规定》(以下简称《暂行规定》),对非中央政法编制审判辅助人员队伍实行并轨,建立身份统一的劳动合同制审判辅助人员队伍。佛山市政府核定市中院劳动合同制审判辅助人员数额202个,其中新招录75人,从现有的政府雇员中转任127人。审判辅助人员身份的统一,促进了人员使用和管理的规范化,为建设正规化、专业化、职业化的审判辅助人员队伍奠定了基础。

三、严格选任,确保审判辅助人员队伍素质

一是公开招录和内部转任双轨并行。按照《暂行规定》的选任条件,面向社会公开招录,并参照公务员招录程序进行。内部转任采取考试与考察相结合的方式,引入虚拟审判案卷的考试新形式,综合考察政治素质、业务能力、学历层次、工作实绩等,择优转任。

二是内部转任不搞"普惠制"。坚持人岗匹配原则,严格转任

标准。只将原有政府雇员队伍中符合条件的人员选任为劳动合同制审判辅助人员,同时保留部分政府雇员编制用于综合后勤部门,既确保审判工作平稳开展,又避免改革在实践中走形变样。

三是外部招录宁缺毋滥。根据报考人员的数量和素质情况,及时调整招录名额,分批使用 75 个名额,确保招录人员的整体素质。招录过程引入心理测试环节,注重报考人员心理健康状况,将测试结果作为参考依据之一。

四是择优产生法官助理。全面考虑新选任审判辅助人员队伍的整体情况,根据考试、业务考核和组织考察结果,从中择优产生46 名劳动合同制法官助理,并分配至办案团队。

四、有序晋升,加强审判辅助人员队伍保障

一是建立三级九等分级管理机制。出台管理暂行办法,对劳动合同制审判辅助人员实行三级九等分级管理。同时,建立与现有政府雇员等级转换套改的具体衔接机制,完成对原有政府雇员转任为劳动合同制审判辅助人员的等级套改工作。实行劳动合同制审判辅助人员按工作年限和工作业绩逐级晋升机制,形成可持续发展的职业空间,较好地解决了非政法专项编审判辅助人员队伍的稳定问题。

二是建立与等级、考核挂钩的薪酬晋升机制。审判辅助人员按不同等级实行差异化工资待遇,按照制度设计,最高等级的薪酬待遇接近同级公务员人均收入水平的 90%,最低等级达到近60%,目前已有部分劳动合同制审判辅助人员薪酬待遇达到同级公务员人均收入水平的 70%。其中,约 20% 的薪酬作为绩效奖金

与年度考核挂钩,根据年度考核结果确定不同档次在年底一次性发放,实现绩效考核常态化、制度化。

三是建立薪酬动态调整机制。薪酬待遇双轨动态调整:一方面随等级晋升而调整,直至达到最高等级的薪酬待遇;另一方面随同级公务员人均收入水平的上升而调整,确保其整体收入不滞后于当地社会经济发展水平。

五、注重考核,激发审判辅助人员队伍活力

一是明确职责分工。出台《法官助理、书记员工作职责规定(试行)》等制度,明确职责范围和权力运行程序,发挥团队优势,提升审判质效。形成法官助理、书记员职责明晰、协作共进的工作局面。

二是完善绩效考核。针对审判辅助岗位程序性、事务性工作较多的特点,出台绩效考核办法,围绕工作业绩、纪律作风、审判管理三大项目,合理设置权重比例,细化考核内容、标准与程序,并将考核结果作为发放绩效奖励、评先评优、等级晋升的重要依据,实现辅助人员队伍精准考核、科学评价。

三是岗位动态调整。以业务考核为主要依据,建立法官助理与书记员之间"有进有出""能上能下"的岗位动态调整机制,将一定时期内未达到要求的劳动合同制法官助理调整至书记员岗位,对业务能力突出的书记员选任为法官助理,增强队伍激励,减少队伍惰性。

案例 15

广东省惠州市中级人民法院

建设院领导办案团队
实现领导办案常态化规范化

　　切实落实院庭长办案，是司法责任制改革的要求。惠州市两级法院以院领导办案团队建设为抓手，积极完善院领导办案运行模式和保障机制，推进院领导办案常态化、规范化。

　　一是以"第一审判团队"的形式组建院领导办案团队。该院积极探索组建专门的院领导办案团队，明确由院长、副院长、审委会专职委员、其他副处级审判员等组成固定审判团队，序号编为"第一审判团队"，形成由院领导组成的固定化办案组织，强化院领导法官职业身份，增强院领导办案责任意识。院领导亲自承办案件时，原则上应当在第一审判团队内组成合议庭，必要时可以邀请相关业务部门负责人参加合议庭，不能挂靠其他办案团队，影响其他团队的正常办案；对院领导办案团队的法官配备固定法官助理和书记员,独立运作、独立管理,与其他审判团队一同公布办案绩效和司法统计数据。

二是以"一线法官人均办案任务数"为基数,确定院领导办案任务量。该院专门出台《关于规范入额院庭领导办案管理工作的若干规定》,并按照中央政法委和最高法院要求,细化院领导办案任务,明确院领导办案任务指标,要求院长承办案件不少于一线入额法官办案基数的 10%,副院长不少于 25%,专职委员不少于 30%。

三是以审理重大复杂疑难案件为重点,明确对院庭领导的分案规则。该院强调以"审理重大复杂疑难案件"为重点推进院领导办案,专门出台关于院领导的分案管理规定,规范对院领导审理案件类型。院领导办案由审管办商立案庭统一分案,担任审判长参审参议的必须是重大复杂疑难案件;亲自承办的,应当以重大复杂疑难案件为主,兼顾部分普通难度案件,原则上不能承办简易案件。同时制定《关于重大复杂疑难案件范围的规范指引》,便于立案庭分案操作。

四是统筹院领导审判管理和行政管理工作,保证院领导办案时间。该院制定出台《关于院庭领导审判管理监督职责的若干规定》,明确"权力清单""责任清单"和"负面清单",规范、压缩院庭领导管理职责;拟定 45 项标准化办案指引规则,改变监督管理方式;明确有关会务制度,凡院庭领导开庭办案与有关会议相冲突时,坚持办案优先原则;建立完善政务助理制度,分流部分政务管理工作,让院庭长有更多的时间和精力投入到办案中去。

经过一年多探索实践,惠州法院推进落实院庭领导办案已基本上做到制度化、常态化,工作成效初显。2016 年 5 月份推行新的工作机制以后,不到一年的时间里,2016 年全市法院院庭长办案 17226 件,占全市法院总结案数的 27.6%;2017 年以来(截至 11 月 6 日),全市法院院庭长受理案件 43732 件,占总受理数 57.25%;承办重大复杂疑难案件 4683 件,同比增长 96.60%。截至 2017 年 10 月,市中院"第一审判团队"中院长办结案件 28 件,副院长人均办结案件 43.5 件,专职委员人均办结案件 54 件,均超过所规定的办案指标。

重庆市第一中级人民法院

构建二审案件速裁机制
促进案件繁简分流

重庆市第一中级人民法院以健全完善民事二审案件速裁审理机制为抓手,规范二审速裁程序的适用范围,完善对二审速裁案件的甄别和管理机制,促进案件繁简分流工作有序推进。该机制运行一年来实践收效良好。2017 年 1—9 月,利用该程序审结案件5730 件,占民事二审案件结案总数(8509 件)的 67.34%,平均结案天数仅 26 天,全院案件平均审理时间指数由去年同期 0.57 下降至 0.49,全院民事二审案件结案率达到 88.72%。

第一,明确划分标准促精细。立足案件类型、社会关注度、一审适用程序等多个角度,全面分析梳理影响案件审理速度的各类因素,从实体和程序两个层面合理界定适用速裁审理机制的条件。实体层面,明确基层法院适用简易程序审理的,涉及人格权、婚姻家庭、无因管理纠纷等特定案由的,当事人上诉请求明显不成立等相对简单的二审案件应当适用。程序层面,明确一审裁定不予受理和驳回起诉,管辖权异议等程序性上诉案件应当适用。同时规定,对于疑难复杂和新类型案件,再审或重审后上诉的,一审判决系审委会讨论决定等情况相对复杂的案件不能适用。

第二,设置甄别机制促落实。注重立案部门与审判部门的分工合作,在不同流程环节均对案件进行细致甄别,确保速裁机制得到准确适用。在立案环节,由立案庭借助案件管理系统快速识别一审程序,对于一审系适用简易程序审理的案件,将其作为速裁案件分流至民商事审判条线,并在纸质卷宗上作出"S"标识。在审判环节,由承办法官收案后两个工作日内针对案件类型进行二次甄别,并将结果上报庭领导审核,符合条件的,正式作为速裁案件进行审理。

第三,实行科学管理促规范。实行"清单式"管理模式,由各民事审判业务庭建立部门案件台账,原则上每年办理的速裁案件数量不得低于本部门全年二审案件数的50%。明确案件审限,要求速裁案件原则上应于45日内办结,督促承办法官科学分配和合理调控送达、调查、开庭等各个环节时间。严格程序转化,速裁案件具备特殊情况,可在报请庭领导审批后转为普通案件。为确保二审速裁机制能够落实到位,还在审管系统中为速裁案件开辟了专门端口,速裁案件特有的流程、期限提示和程序转换等事项在审管系统中均有相应体现。在综合考虑、全面衡量法官工作量的基础上,建立科学合理的评价体系,将速裁案件办理情况作为评先选优的重要参考,切实发挥业绩考评的正向激励作用。

　　第四,创新工作方法促实效。在明确承办法官主体责任,符合法律规定的基础上,逐步简化和提速部分程序性举措,不断提升二审案件速裁审理效率。积极引导当事人接受电子送达方式,灵活采取传真、短信、电子邮件等形式送达开庭传票、诉讼文书等,尽量缩短案件从立案到开庭(询问)的间隔周期。通过全程录音录像和探索使用庭审电子记录等方式,提高庭审效率。由业务部门牵头建立标准化办案模板,归纳标准化审理要素,采取质辩合一的形式促进速裁案件的快速审理。制定了《关于物业服务纠纷案件的审理标准》《关于抚养纠纷案件的审理标准》等多个模板。在明确案件评议的发言顺序和内容,规范评议行为的基础上,利用内网办公软件开展网上评议,打破时间、空间的限制,让审判人员能用零碎时间完成评议工作,提高工作效率。同时,大力推进诉讼文书简化,做到"简案简写、繁案精写",通过简化文书缩短办案周期,为速裁提速。

四川省筠连县人民法院

完善"四类案件"监管制度

做到"放权不放任"

四川省筠连县人民法院完善院庭长管理监督机制,针对"四类案件"面临的"识别难、启动难、留痕难、公开难"的问题,结合自身实际,按照"权责明晰、规范有序、全程留痕、公开透明"的原则,制定实施了《"四类案件"监督管理办法(试行)》,努力实现监管范围、程序、方式、责任的"四个转变",做到"放权不放任、监管不缺位"。

一、认定标准具体化,实现监管范围从抽象到具体转变

一是群体性案件的界定本地化。综合考虑涉案人数、涉案群体、涉案领域、社会影响等多方面因素,系统评估案件可能形成集团诉讼、连锁诉讼的可能性,原则上把一方当事人人数在五人以上,或一方当事人虽不足五人但可能引发连锁诉讼的案件作为群体性案件。

二是疑难、复杂案件的范围具体化。民事、刑事案件主要从法律关系复杂、争议焦点多、证据采信存在疑问、法律适用困难等方面进行界定。行政案件则从行政机关的行政级别（县级人民政府）、被诉行政行为与其他法律关系交叉等方面来认定。执行案件主要包括被执行人为特殊主体、存在重大执行障碍、长期无法执结等类案件。同时,把可能引发较大舆情的案件、新类型案件、发回重审案件、再审案件等纳入疑难、复杂案件的范围。

三是类案冲突案件情形固定化。明确此类案件主要包括:与上级法院的裁判指引、类案处理规则、量刑规范化、量刑指导意见以及本院同类型案件的生效判决等可能产生冲突的案件;法律、法规、司法解释未作规定,或虽有规定但规定不明确,或规定之间存在冲突的案件;以及处于新法、旧法衔接阶段的案件。

四是违法审判案件的含义明确化。此类案件主要是指当面或以书面、电子文件、电话等方式反映法官超审限、久拖不执、裁判不公,或其他违反审判纪律、廉洁自律规定的案件。

2017 年 1—5 月,筠连法院无一名法官主动申报"四类案件",也没有一件案件进入监管程序,但自 6 月实施监管办法以来,已发现、申报 135 件,经审定后有 126 件案件进入监管程序,占全院案件总数的 4%。其中,群体性案件 97 件,疑难、复杂案件 14 件,类案 10 件,反映法官违法审判的案件 5 件。

二、明确四类主体和三个环节,实现监管
程序从无序化到有序化转变

一是明确"四类案件"发现主体及发现重点。规定立案庭、承办法官、其他部门、院庭长四类发现主体,立案庭主要负责对群体性案件进行识别,承办法官重点识别疑难、复杂案件和类案冲突案件,其他部门(如纪检组、监察科、信访窗口)重点发现举报法官违法审判的案件。院庭长发现属于"四类案件"需要进行监管的,有权随时决定启动监管程序。

二是明确"三个环节"的审定程序。分别规定庭长、副院长、院长的审查权限,业务庭庭长审查后认为属于自己监管范围的,直接决定进入监管程序;认为不属于自己监管范围的,层报分管副院长、院长决定;分管副院长可以决定由自己监管、指令业务庭庭长监管或报请院长监管;院长可以直接决定由自己行使监管权,或指令分管副院长监管。

该院通过明确发现主体及审定程序,基本解决"四类案件"由谁来发现、谁来认定、谁来启动监管的问题。在 126 件监管案件中,立案庭发现 74 件,办案法官申报 29 件,信访、监察部门发现 5 件,院庭长决定 18 件。

三、规范三种监管方式,实现监管方式
从行政化到扁平化转变

一是规范静默化监管方式。对可能产生类案冲突的案件,院庭长可以向独任法官或者合议庭推送类案判决;对疑难复杂案件,

院庭长可以向承办法官和合议庭推送典型案例、相关法律法规和司法解释;对群体性案件,院庭长可以全程查阅卷宗、旁听庭审,对审判流程运行情况进行查看、操作和监控;对法官有违法审判行为的案件,院庭长可以调整承办人。

二是规范报告进展情况和评议结果的时间和方式。院庭长通过签发督办单进行监管,承办法官原则上在 3 个工作日内以书面形式予以报告。对于当事人信访举报的案件和疑难复杂案件,法官需要报告案件进展情况和评议结果。目前,筠连法院已签发督办单 17 份,重点解决群体性案件、信访举报案件和长期未结案件的处理问题,在把握办案节奏、确保办案效果方面发挥了积极作用。

三是规范提交讨论的范围和时限。院庭长对审理过程或者评议结果有异议的,可以在 3 日内决定将案件提交专业法官会议或审委会讨论。目前筠连法院已有 20 件"四类案件"提交了专业法官会议讨论,承办法官和合议庭采纳讨论意见 19 件,有 5 件提交了审委会讨论,提交讨论的案件无一件被改判或发回重审,有效确保了"四类案件"的办案质量。

四、强化信息技术支撑,实现监管责任
从虚无化到有形化转变

一是自动化识别。按照"电脑+人工"的方式,首先由系统对不同案件、不同审级、不同门类进行区别筛查,自动提示是否属于"四类案件",再由人工进行二次甄别,确保得到准确认定。

二是标签推送。对于已经认定的"四类案件",系统进行标签

化处理,并自动推送给相关院庭长、审管部门和承办法官。

三是节点控制。对于法官应该报告没有报告、应该提交讨论而没有提交讨论的,系统会自动冻结文书签发和结案审批流程,法官无法签发文书和报结案件。

四是全程留痕。无论是静默化监管、报告进展情况和评议结果,还是提交讨论,系统都能够自动记录操作过程和痕迹,随案永久保存。

案例 18

贵州省高级人民法院

探索"类案类判"机制
确保法律适用统一

统一"类案"裁判尺度,保障法律适用的预见性和统一性,是推进司法责任制改革的重要内容。贵州高院以强化专业法官会议、审判委员会功能为抓手,以智能化、信息化平台为依托,以发回重审、改判案件为切入点,探索构建"类案类判"工作机制,确保"类案"法律适用统一。

一、强化"类案"研判和指导,建立
"类案类判"梳理常态机制

一是强化专业法官会议"类案"研判功能。贵州各级法院均按照审判执行案件类型设立专业法官会议,重点研究讨论重大、复杂、疑难、敏感案件;具有普遍性法律适用问题案件;上级法院不予核

准、发回改判、申诉上访案件中的类案问题等,提出咨询意见供独任法官或合议庭参考。专业法官会议定期对所研讨"类案"进行总结提炼,研究裁判思路、裁判标准、审理要点,形成裁判指引和类案参考等,强化对"类案"甄别与研究。

二是发挥审委会"类案"指导作用。审委会一方面通过讨论决定重大、疑难、复杂案件,从个案实体上确保法律适用的统一。另一方面,强化中高级法院审委会审判指导职能。贵州高院审委会转变工作方式,主动建立裁判尺度及审判思路不统一的甄别梳理机制,定期讨论研究形成全省法院类案裁判指引规范,发布类案参考案例,统一全省法院裁判尺度,促进"类案类判"。

二、运用标准化管理和司法大数据,构建 "同案不同判"防范预警机制

贵州法院利用大数据对案件关键要素建立标准数据库,对裁判结果进行预判,同时建立预警机制,对偏离度高的案件进行预警或自动进入复查程序,将审判监督贯穿审判权运行全过程。

一是利用大数据分析实现"类案类判"。以大数据挖掘分析为前提,建立类案裁判标准数据库,建立类案及关联案件强制检索机制,为法官提供多维度、多层面的分析场景,通过自动检索、类案推送、裁判文书语义分析、对比分析等大数据方法避免类案非类判现象。刑事审判方面,针对故意杀人和伤害案件、抢劫、盗窃几类常见案件的证据要求加以规范,打破传统刑事诉讼法规定的证据类型的归类,根据破案的内在逻辑联系设计证据模块,通过要素化、结构化形成证据指引,在立案时对相关证据进行筛查,及时发

现不符合刑事基本证据要求的案件,充分发挥"筛子"作用;民事审判方面,围绕商品房买卖合同纠纷案件中的"管辖—主体资格—诉讼请求—内容审查—争议焦点"构建智能分析模型(挖掘案、人、事的本体特征及彼此关联),自动分类形成证据链(包含所有类型案件的基本特征、关键情节、所有当事人的诉讼行为、财产情况等等),采用自然语义识别技术(NLP)采集案件要素进行基础分析,在审查案件程序合法和实体合法后,归纳案件争议焦点,根据法官确认后的审判要素初步得出裁判结果;行政审判方面,以行政征收案件作为突破口,对是否影响行政行为合法性的审判要素进行梳理,提炼出影响行政征收案件合法性的 13 个实体要素、14 个程序要素及程序合法时间轴,以统一裁判尺度。

二是建立类案判前甄别发现和判后比对结果异常预警机制。办案系统以标准值为对比指标,对于偏离标准值过大的案件予以警示,提醒独任法官、合议庭及时进行自查,院长、副院长、庭长或审判执行团队负责人也可进行审查。自系统运行以来,已对93558 件有电子裁判文书的历史案件进行了偏离度分析,其中偏离度大的案件有 3078 件。

三、聚焦发回重审和改判案件,建立三级审委会类案研判沟通机制

针对发回重审、改判案件建立研判沟通机制,各中级法院定期汇总本辖区基层法院形成的裁判指引、裁判标准、类案参考,上报省法院审判委员会。对上级法院发回重审、改判的案件,原审法院合议庭经对发回或改判的理由认真研究后,提交本院法官联席会

讨论总结审判经验教训,形成综合报告向本院审委会进行汇报。

　　上级法院对同类案件多次发回重审、改判的,原审法院相关审判团队针对该类型案件及时进行调研后,提炼为裁判指导性文稿提交审判委员会审议。原审法院审判委员会对上级法院发回重审、改判的案件有不同意见的,以书面形式向上级法院审判委员会提出。对原审法院审判委员会针对发回重审、改判案件提出的反馈意见,上级法院审判委员会进行讨论研判后,以会议决议形式向原审法院反馈。

案例 19

云南省高级人民法院

落实立案登记制改革
完善特色诉讼服务机制

云南省法院进一步巩固立案登记制改革成果,深化诉讼服务便民利民机制改革,结合民族地区、边疆地区区域特点,立足当地群众司法需求,因势利导,多措并举,突出特色,打造统一规划、分类指导、多样纷呈的诉讼服务体系,实现诉讼服务便民利民的优化升级。

一、"三化"引领,打造特色诉讼服务

一是平台建设信息化。云南三级法院加大信息化投入力度,从省会城市的诉讼服务中心到偏远乡镇的诉讼服务站点,全面建设数字化、网络化、智能化的诉讼服务平台,实现"站点联通、数据导入、人才建库"平台建设格局,实现了诉讼服务平台的跨越升级,促进诉讼服务提质增效。

二是功能定位多元化。在诉讼服务中心功能结构上,实现安全检查、司法服务、信访接待三大功能的相对分离、独立运转。以中心为平台,承载诉调对接机制引入公证调解、律师法律援助工作站等多元化纠纷解决机制,通过导诉分流和案件甄别,推动案件诉前繁简分流。

三是服务方式本土化。云南法院将本土文化资源和诉讼服务深度融合,探索符合民族地区风俗习惯和文化心理的诉讼服务方式。如大理法院喜洲法庭基于当地独具特色的民风民俗,聘用多名熟悉法律政策、白族语言、当地民风的白族女性作为调解员,成立了富有民族特色的"金花调解室",增强司法亲和力和亲近性。"金花调解室"成立以来,调解成功率达95%以上。

二、立足审判,诉讼服务助力"三难"破解

云南法院以诉讼服务中心为依托,着力破解长期困扰法院工作的立案难、调卷难、送达难问题,有效提升司法便民利民程度,提升司法效率。

一是完善立案机制,破解"立案难"。建设网上诉讼服务中心,推进登记立案在线办理,边远地区人民群众足不出户即可在线办理立案相关事项,获取立案信息,大大提高了立案效率。

二是实行卷宗电子化,破解"调卷难"。云南法院在诉讼服务中心设立电子卷宗扫描窗口,从立案环节开始即对电子卷宗同步录入,诉讼流程实现电子卷宗同步流转,至2016年底,云南各中院向高院上报民事、刑事、行政案件均实现同步移送电子卷宗,从根本上解决了调卷难的问题。

三是创新送达模式,破解"送达难"。云南高院制定《关于进一步加强和改进全省法院送达工作的意见》,鼓励各级法院依托诉讼服务中心实施网格化管理,推行法律文书网格化送达模式。楚雄州大姚县法院作为试点法院,确定了 128 人作为首批网格化送达员,有效提高送达效率。昆明中院与邮政合作建立"法院专递",昆明官渡区法院与公证处建立"公证调解服务中心",发挥邮政、公证的行业优势委托送达法律文书。

三、纵向到底,打通服务群众的最后"一公里"

云南法院结合省内山高路远、交通不便的地域特点和民族种类众多、习俗各异、诉讼服务需求差异的民族文化特点,因地制宜推进诉讼服务中心升级版建设。曲靖市麒麟区法院建立起了"院、庭、站、点、员"五位一体便民诉讼模式,把诉讼服务推进到最基层的村委会。选聘人民陪审员、诉讼信息联络员、执行联络员和司法调解员,配合法官充分发挥"四员合一"诉调对接联动机制的作用,为当地人民群众提供司法便民服务。

四、横向到边,充分发挥各方力量做好诉讼服务

针对云南与周边省市各类跨区域纠纷不断攀升的现状,云南法院通过与周边法院协商,逐步建立跨区域诉讼服务协作机制,例如"文红曲两州一市"法院跨区域诉讼服务协作机制、"滇黔桂三省(区)两州一市"跨区域诉讼服务协作机制和川滇藏青四省(区)六中院司法协作机制等。更好地为周边群众提供高效便捷的诉讼服务,减少群众奔波劳累,节约司法资源,提高办案质效。

案例 **20**

新疆维吾尔自治区阿克苏地区中级人民法院

精准化考核法官业绩
助推提升办案质效

新疆阿克苏地区中院位于南疆偏远地区,在尚不具备利用大数据分析进行绩效考核的情况下,结合该院实际,积极探索创新,以工作量科学测算为基础,实行分级分类考核,突出工作实绩,构建科学的业绩考评管理体系,推动办案质效有效提升。

一是打牢考评基础,精准测算司法工作量。该院改变传统的以单一案件数累加测算的方式,从每类案件共性的流程节点和差异化的实体难点出发,确定了以办案要点为基础的工作量测算思路。通过对立案、审判、执行全流程的关键节点及实体审理进行统计分析,确定以民事二审案件作为核算标准件,即基础工作量"1",然后将办理其他案件所要花费的工作时间与之对比,与基础工作量换算后分别赋予权重系数,核算出各类案件工作量,再折算成标准件。

二是完善计分方式,合理构建考核指标体系。首先,以"量"为基础,就是加大"量"的分值权重,以"量"为考评基本标杆,形成案件办理在数量上均衡推进。其次,合理设置质效指标,将指标分值与标准件进行对比后,折算形成相应标准件,然后直接与工作量标准件相加减。同时将参加开庭、案件合议、调解结案等情况折算相应的标准件正向取值;把案件被发改、文书差错评查等折算相应标准件负向取值,形成简单易行、内容完备的评价体系。最后,科学考核司法辅助人员工作业绩,明确辅助人员岗位职责,科学划分办案要点,合理确定考评要点,参照法官业绩考核方式实施量化考核。

三是强化民主公开,增强考核结果认同度。在考核指标设置上,由一线审判业务骨干和审判管理部门人员共同研究提出考核指标,在反复征求全体审判执行岗位人员的意见建议后,由院党组研究决定,确保办案要点的指标分值设计能够准确客观反映审判执行实际。在考核方式上,形成了"两下两上"考核评价运行机制,由院考核领导小组以各庭室为单位提取并核算指标数据,并经由庭室下发至个人,经确认后再返回院考核领导小组,完成第一个"一上一下";再由院考核领导小组将经确认后的指标数据转化为绩效考评结果,再次经庭室下发至个人确认,最终返回领导小组形成最终考评结果,完成第二个"一上一下"闭合程序,确保考核工作在广泛的监督之下运行。在考核程序上,注重吸纳被考核人员参与考核过程,动态轮流抽调被考评部门负责人、被考核法官、辅助人员等参与考核数据的提取、测算和考核结果的复核,确保考核结果的公正性和公信力。

四是发挥导向作用,促进办案质效有效提升。该院采取的"量、质、效"统一折算标准件的考核方式,评价标准简单明了,一方面有助于审执人员随时掌握本人的工作量情况,预估考核结果,及时调整工作节奏和进度,对解决忙闲不均,促进均衡结案和案件质效提升发挥了激励导向作用。另一方面,强化对考核结果的合理运用,将考核结果作为员额的进入退出、法官等级晋升、评优评先、绩效奖金发放等方面的重要依据。例如,针对员额法官,以所在庭室法官业绩考评的80%作为考核的红线,凡无正当理由未完成标准任务的法官,将不能按照员额法官标准分配绩效奖金,对于考核评价标准件过低者,将视情况启动退出机制。

第 三 批

（2018 年 7 月 20 日）

北京市高级人民法院

灵活组建新型审判团队
推动审判机制科学运行

自全面推开以司法责任制为核心的司法体制改革以来,北京市高级人民法院一直积极探索推进全市法院建设与改革要求相适应的新型审判团队,依托审判团队,全面、真正、彻底落实司法责任制。改革以来,全市三级法院在各审判执行业务领域组建新型审判团队共 1800 多个,审判团队成为基本的审判执行单元、绩效评价单元和监督管理单元。

一是因地制宜,灵活组建审判团队。充分考虑不同审级、不同功能、不同诉讼阶段的特点,组建审判团队。第一,立足不同审级职能组建审判团队。在基层法院,普遍依托独任法官建立"速裁团队",配合完善繁简分流机制,高效解决大量一审简易案件,缓解基层法院人案矛盾。在中、高级法院,侧重专业化审判需要,根据案件特点建立专业化审判团队,配合专业法官会议制度,促进法律统一适用。第二,立足不同法院特点组建审判团队。在案件量大、人员多的"大院",针对分布集中的案由组建专业化速审团队,集约高效审理相关案件,缓解整体审判压力;在案件量和人员相对较少的"小院",组建综合性审判团队,优化人力资源配置。在知识产权法院、跨行政区划法院,侧重以完善自我管理为目标组建审判团队,适应内设机构精简的具体情况,解决机构扁平化后集中管理的问题,实现司法运行和审判管理的精细化。第三,立足不同诉讼阶段组建审判团队。在诉前阶段,侧重对接多元化解机制,组建能够充分发挥调解员作用的审判团队;在速裁阶段,建立与多元调解对接的,能够大量办理简易案件的速裁团队;在审判阶段,结合不同案件类型和办案难度,建立与速裁机制对接的,专业性更强的标准化审判团队。

二是系统构建,推进审判团队科学运行。努力协调好审判团队与审判庭、合议庭以及与其他团队之间的关系,推进审判权运行更加符合司法规律。第一,审判团队与审判庭优势互补。发挥业务庭室对团队的监督管理作用,实现有序放权与有效监督的有机统一。特别是结合内设机构改革,由内向外打破原有的办案格局,在专业化建设基础上实行扁平化管理。第二,审判团队与合议庭有效对接。在二审案件占比较大的普通中级法院,建立内嵌合议庭的相对固定的审判团队;在一审案件占比较大的知识产权法院,建立一名法官带领若干辅助人员组成的基础审判单元,需要组成合议庭审理案件时,由基础审判单元随机组成新的审判团队。第三,审判团队之间自洽相容。组建高效型审判团队、专家型审判团队、孵化器式审判团队、大要案审判团队、院庭长审判团队等类型多元审判团队,团队内部平权管理,各类审判团队之间不存在行政隶属关系,相互之间平等行权、自洽运行。

三是同步跟进,强化审判团队监督管理。明确各类人员权责,进行有效奖惩,同时依托信息化手段强化审判权的监督管理。第一,明晰权责清单。制定不同审判领域团队工作细则,明确团队各类人员工作职责权限,同时,建立院庭长权力清单和负面清单,明确院庭长行权边界,为审判团队监督管理打下基础。第二,建立有效奖惩机制。根据不同案件类型建立差异化的绩效考核机制,明确法官对团队辅助人员享有奖惩建议权,绩效考核奖金分配不与法官等级、行政职级挂钩,而是注重向一线倾斜,并适当拉开档次,切实调动团队办案积极性。第三,不断完善监督机制。明确院庭长监督"四类案件"的具体情形、发现机制、监管权限、监督方式,依托人工智能和大数据手段,加强案件流程管理和程序审批,确保有序放权、有效监督、科学管理、提升质效。

在推进审判团队建设中,北京法院注重加强党的建设,在新型审判团队建立党小组,确保办案单元党组织的全覆盖,建立市级财政统一保障的聘用制辅助人员招聘管理制度,实行随机分案为主的分案机制,健全繁简分流的诉讼分流机制,推广模块化审判和要素式审判方式,探索信息化应用和集约化管理等一系列与团队建设密切相关的综合配套举措,推进团队高效顺畅运行。2017 年,全市法院审执工作实现收案数、结案数、结案率、法官人均结案数上升,未结案数、三年以上未结案数下降的"四升两降"突出业绩,同时,一审判决案件改判发回重审率等与审判质效密切相关的核心指标均平稳向好。

案例 2

北京市西城区人民法院

依托模块化审判工作标准
打造法院知识管理和人才培养新模式

　　司法责任制改革对统一裁判尺度、提升审判质效提出了更高要求。北京市西城区人民法院通过建设"模块化审判工作标准"，实现审判工作标准化、制度化、规范化，促进了法律适用统一，在加强审判权监督管理，提高法官司法能力，培养司法人才方面起到了良好作用。

　　一是化整为零，对审判工作进行精细划分，制定模块化审判工作标准。"模块化"是指将全部审判工作划分为一些可以单独命名的、具有相对独立性的工作单元，如送达、证据、法庭调查、裁判观点等，这些单元即为"模块"，每个模块由工作任务、工作方法、评价标准三项内容构成，对审判中经常出现的实务问题，给出操作性强、标准明确的规范。如在"送达模块"中就涉及"被告接听电话通知后拒绝来院应诉怎么办""诉讼主体出现双重国籍怎么办"
等问题,答案一方面来源于法律规定,一方面来源于资深法官最有
效、最标准的经验,这些模块横向覆盖了审判程序的各方面,纵向
按照案由分类梳理,形成一张审判规范的网络,汇聚成为"模块化
审判工作标准"。金融街人民法庭通过适用该标准,在全庭七名
法官平均年龄不足35岁、连续两年结案逾万件情况下,审判质效
综合得分均位居全市法院商事审判庭第一。该做法在全院推广,
各庭室及院级层面推出了包括诉讼程序和审判实体的45个覆盖
面广、实用性强的"模块化审判工作标准",全院审判规范化程度
不断加强,审判质效有效提升,近两年150余名员额法官每年结案
近六万件,审判质效综合得分均位居北京市法院系统一类法院第
二名。

　　二是加强成果应用,推动"模块化审判工作标准"与信息化深
度融合,辅助法官办案。该院积极推动以模块化标准为内容的智
能化办案系统建设,辅助法官办理案件。第一,为实现庞大精细的
审判工作标准与审理案件所需信息的快速匹配,该院通过信息技
术手段,科学设置检索"关键字",使审判人员可以高效完成对某
一具体模块下规范标准的搜索。第二,探索将模块标准嵌入案件
信息化管理系统,通过系统智能识别案卷的文字材料和证据图片,
实现向审判人员自动推送办案规范、参阅案例及法律条文。第三,
在每类案件办理规范项下,搜集整理常见的、典型的争议情形,抽
取核心要素,配之高水平的裁判文书作为标本,建立指导性案例及
裁判文书数据库。第四,自主研发类型化案件裁判文书批量生成
软件,通过导入批量案件信息数据表,实现了大批量案件裁判文书

的自动化生成。采用上述工作机制后,该院金融街人民法庭每个审判团队年均结案超过 1500 件,以全院不到 5% 的员额法官,审结全院 20% 以上的案件。

三是搭建起法院知识管理平台,推动审判经验知识的积累、共享与交流。该院将审判经验按照"个人—团队—庭室—全院"的顺序进行逐级分享和检验。法官首先将个人的审判经验在审判团队中进行分享,审判团队通过专业法官会议等平台进行交流和讨论,之后由审委会和专家法官研讨论证,在院级层面形成最终的"模块化审判工作标准"。这一过程既是审判经验提炼升华的过程,也是经验知识学习交流的过程,"模块化审判工作标准"为法院的审判经验知识管理探索出一条路径。

四是注重司法人才梯次培养,优化司法人才成长路径。"模块化审判工作标准"在年轻法官成长和法院人才培养方面起到积极作用,克服了以往"师傅带徒弟"口传心授式的人才培养模式效率低下、标准不一、参差不齐等问题,提高了审判知识经验形成及传承的准确性和效率性。该院依托"模块化审判工作标准",大力开展审判规范化、专业化建设,提出"新人打基础,中间以量变促质变,顶层谋求突破"的人才培养理念,打造了 99 人的人才培养梯队。青年干警勤奋学习并快速掌握标准、规范、实用的审判技能,成长速度显著提升,一大批新入额法官短时间内就能够熟练掌握通识性审判技能。

案例 3

北京市大兴区人民法院

积极争取党委政府支持
探索建立诉讼志愿者制度

北京市大兴区人民法院按照深化司法体制综合配套改革要求，积极主动争取地方党委政府支持，探索建立司法诉讼志愿者岗位，将其作为增补审判辅助人员的一种特殊机制，有效缓解了人案矛盾。司法诉讼志愿者的管理、考核和保障机制为省级统管后如何健全完善地方党委政府对审判辅助事务的支持模式探索出一条新路。

大兴法院共有员额法官 102 名，除在编法官助理 80 名、聘用制书记员 73 名外，还包括 78 名司法诉讼志愿者，占全部审判辅助人员的 67.24%。该院 7 个派出法庭 27 名员额法官，共配备司法诉讼志愿者 31 名，基本实现"一人一辅"。实现这一配备模式的主要做法是：

一是积极协调拓宽人员增补渠道。在用足用好高院分配的辅助人员招录名额的同时,大兴法院科学制定招录标准,在充分考虑辖区内不同法庭案件特点、人员配比和社情民意差异基础上,统筹安排各人民法庭自主招录部分审判辅助人员,并推动相关人民法庭与所在地政府协商沟通,普遍建立规范化、常态化的司法诉讼志愿者制度。该制度严格遵循"政府招录、法官选用、财政出资、团队考核"原则,由法庭所在辖区政府发布招聘公告,用人法官面试决定人选,政府与所聘人员签订工作合同,并支付工资,由所在团队法官对其工作情况进行考核。

二是充分发挥志愿者"地缘优势"。各人民法庭招录的司法诉讼志愿者多为法庭辖区内居民,能够发挥"地缘优势"。在涉及征地拆迁纠纷、家庭内部分割拆迁利益的案件时,志愿者充分发挥熟悉社情民意、地方风俗的优势,配合法官开展调解工作,更有利于推动案结事了;在现场勘验、外出送达等司法事务中,志愿者发挥"向导"作用,大大提升了勘验、送达的事务效率;根据法庭解决的纠纷多发生在家庭内部和邻里之间的特点,志愿者作为"联络员",负责前期沟通联络,加强与基层调解组织、妇联组织、司法所、派出所等部门的协调合作,有力推动矛盾纠纷多元化解。

三是定职明责确保人员使用规范。各法庭结合工作实际制定审判流程指引、工作职责规定,明确志愿者介入审判流程节点通常为开庭前和庭审后,规定在"一审一辅""一审一助一辅"情况下,司法诉讼志愿者工作职责包括安排开庭时间、传唤当事人等开庭前准备工作;案件材料整理、文书校核、归档等庭审善后工作;法官交办的其他事务性工作等。2016年适用该制度以来,审判团队质效得到明显提高,法官年人均结案从 235.2 件上升至 317.8 件,增幅达 35.12%。

四是强化监督考核提升辅助效能。为确保志愿者作用切实发挥到位,该院规定法官对所在团队的司法诉讼志愿者享有任免权、指导权和考核权。法官通过庭内案件系统,对志愿者分配工作任务,并通过系统进行督办,日常工作情况作为绩效考核重要参考;制定工作考核办法,对司法诉讼志愿者工作进行量化评价,工作量和工作实效作为对司法诉讼志愿者奖励的重要依据。

五是多方争取提高人员职业保障。为确保司法诉讼志愿者能够安心稳定工作,大兴法院为志愿者提供等同院内在编人员的办公设备、工作环境、加班津贴;并通过多方争取,确保志愿者“五险”保障到位。2017 年大兴区政府拨付支持该院非在编人员经费共计 800 余万。各人民法庭所在地政府专项财政支持基本与辖区经济发展水平及人员学历相符,司法诉讼志愿者月基本工资 3400—5400 元不等,其中开发区法庭共有 11 名司法诉讼志愿者,月基本工资最低 4600 元,最高 5400 元,人均月基本工资达到 4964 元。

案例4

天津市河西区人民法院

创新集约化社会化工作模式
促进审判质效全面提升

天津市河西区人民法院是天津市委市政府驻地、中心城区法院,近年来面临的案件压力逐年剧增。2015年、2016年、2017年受理案件分别为14932件、17865件和23182件,同比分别上升16%、19.6%和29.8%。2018年1月至4月持续高位上升,受理9815件,同比上升17.1%。与案件高增量鲜明对比的是,天津河西法院目前在编人员238名,其中员额法官90名,聘任制人员144名,案多人少矛盾十分突出。司法责任制改革以来,天津河西法院立足自身实际,对接群众需求,探索创新集约化、社会化工作模式,促进审判质效不断提升,走出了一条化解人案矛盾的"突围之路"。2017年在法官人数减少43.6%的情况下,结案量同比增长39%,结案率同比增长4.2个百分点,未结案件同比减少8.4%,长期末结案件同比减少 45.9%，平均审理天数同比减少 5 天，被改判发回率同比减少 0.1 个百分点。

一、推行集约化管理，坚持"内部挖潜"

天津河西法院将以往一些各审判庭分散工作、平行运转、线状管理的共性事务，从审判庭提取出来，采取"合并同类项"的方式集中处理，有效减轻审判庭工作负担，推动现有审判资源的结构性调整和转型升级，提高了工作效率。

一是诉前调解集中。该院先后组建物业供热、医疗事故、交通事故等 10 个有社会力量参与的诉前联合调解工作室，将 55% 的民事纠纷类型纳入诉前调解。但以前 10 个工作室分属不同的审判庭管理运行，导致重视程度、投入力量、程序流程等不尽相同，发展并不均衡。通过集约化管理，该院将 10 个工作室全部归由告申庭一个部门负责，推动人财物调配统一、流程设计统一、案件管理统一、办公场所统一，更好地为群众提供"一站式"服务。2017 年诉前调解解决纠纷近 1000 件。

二是直接送达集中。该院将辖区内直接送达事务统一交由法警大队送达组负责，审判庭法官将送达材料准备好后，移交法警大队，由送达组根据地点路线、紧急程度等，在 7 日内统一排期进行送达，再将送达回证、执法记录视频等送达结果交回审判庭法官，提高了送达效率，2017 年完成直接送达 669 次，送达成功率 56%。

三是财产保全集中。以往财产保全由审判庭法官自行实施，法官之间信息共享不畅，经常出现"多人同时跑一地"的重复劳动现象。改革后该院在执行局内组建"1 名员额法官+5 名法官助理+5 名书记员"的财产保全团队,配备专用车辆 2 辆,集中处理全院财产保全执行工作。审判庭法官对财产保全申请进行合法性审查出具裁定书后,只需将相关材料移送保全团队,由保全团队统一安排保全执行文书制作和外出执行,达到"一趟车,多办事"的目的。2017 年 3 月施行一年来,该保全团队执结案件 1464 件,人均结案 244 件,查封房产 1700 余套,查封车辆 300 余辆,冻结银行存款标的额近 5 亿元,基本实现本市范围内房屋查封收案次日执结,紧急情况案件收案当日执结。

四是简单案件集中。2017 年该院受理物业服务合同、信用卡纠纷共 3597 件,占民事案件总数的 25.6%,该院在告申庭内成立"3 名员额法官+1 名法官助理+6 名书记员"的特色速裁团队 2 个,统一负责类似简单案件审理,探索建立归口分案、要素式审判、裁判文书批量生成等简单案件快速处理机制,让简单案件驶入审理"快车道",该团队法官年人均结案达 700 余件。

五是批量案件集中。2017 年该院受理 2 件以上原、被告一方为相同当事人的串案 7997 件,占全院受理案件总数的 34.5%,其中 50 件以上的超过 20 批。该院出台《批量案件及关联案件审理指引》,将串案优先分配给同一法官或同一审判团队办理,数量较多的批量案件分配给不同审判团队后,建立"领办人"制度,统一负责庭前准备、首次示范开庭、起草模板文书、代表研讨案件、联系其他承办人等事项,努力实现多案连办、尺度统一。

二、推行社会化外包,实现"外部借力"

天津河西法院在立足自身找动力的同时,也充分认识到法官不能事事亲为,法院也不能大包大揽,通过购买社会化服务的方式,将法官、法院并不"在行"的事情,外包给社会上更加专业的企业进行,既做了审判压力的"减法",又实现了工作质量的"加法"。

一是内控建设外包。该院聘请专业会计师事务所作为内控建设领导小组成员,全程参与。目前已制定风险评估、岗位轮换、财务部门岗位责任制、内部控制评价与监督等22项制度文件,编写涵盖预算业务、收支业务、采购业务、资产、合同、建设项目控制等10个部分的《内部控制体系使用手册》,并定期邀请事务所高级培训师对干警进行内控基础知识培训和指导,充分发挥专业机构的优势作用。

二是卷宗扫描外包。该院将纸质卷宗扫描事项外包给专业化公司进行,并为外包公司人员进驻法院办公提供必要条件,目前已累计完成1973年以后26万余卷、近3500万页纸质卷宗电子录入工作,全面实现诉讼档案电子化管理。同时开发"诉讼档案管理系统",当事人及委托代理人可凭有效证件在自助服务终端,自助查阅、打印卷宗材料,进一步满足群众司法需求。

三是司法公开外包。该院将审判执行工作摄影、录像、留存、归档,法院官方网站、微博、微信公众号等新媒体平台运营维护,PPT、H5、视频短片制作等司法公开事项外包给专业化公司进行,有效提高了公开的专业技术水平。

案例 5

黑龙江省鸡西市鸡冠区人民法院

完善五项工作机制
提升案件当庭宣判率

黑龙江省鸡西市鸡冠区人民法院积极创新审判管理机制,巩固并深化司法改革成果,不断提升案件当庭宣判率,促进了司法公正。2017 年,全院诉讼案件受案 3814 件,结案 3609 件,结案率94.63%;当庭宣判 2270 件,当庭宣判率 62.9%,其中,简易程序当庭宣判率 70.5%,普通程序当庭宣判率 37.29%,在全省法院系统名列前茅。

一是围绕案件繁简分流抓审判,破解制约当庭宣判瓶颈。综合考量案件类型、平均审理时间、当事人需求等因素,建立立案前的过滤、甄别和分流机制,将适合当庭宣判的各类案件分配至相应审判团队。对速裁、家事和简单案件分至简案速裁团队审理;对类型案件分配至类案专业团队审理;对疑难复杂案件优先分给院庭长或难案专家团队精审,实现"专业案件专业审、系列案件集中审、各类案件均衡审",为法官当庭宣判创造条件。建立《当庭宣判案件类型正负面清单》,对适用速裁程序审理的案件,除刑事附带民事诉讼案件外,一律当庭宣判;对事实清楚、证据充分、争议不大、责任明确,合议庭意见一致,能准确适用法律,当庭宣判后不会造成负面影响等适用简易程序审理的案件,一般应当当庭宣判;适用普通程序审理的案件逐步提高当庭宣判率;对不公开审理、重大疑难复杂和合议庭对证据有疑问等清单规定不宜当庭宣判的案件,则进行定期宣判。

二是围绕庭前会议抓审判,夯实当庭宣判基础。强化庭前会议功能,准确把握当事人诉讼主张的内容、数据计算的来源和法律依据,拟定详细的庭审提纲,在确保当事人充分举证的基础上征求当事人意见,缩短举证期限,集中解决核对当事人身份、组织交换证据目录、对无争议的证据进行认定、启动非法证据排除等程序性事项。对有争议的事实和证据,征求当事人意见后固定争议焦点作为庭审重点。利用庭前会议有针对性地开展释法析理和庭前调解工作,为案件当庭宣判奠定基础。同时,注重庭审实质化运行,强化当事人当庭举证、质证和法官当庭认证。归纳并围绕庭前会议中确定的争议焦点,对无异议事实证据要素当庭宣布确认,对有异议事实证据要素组织举证和质证。在作出裁判结果时,明确告知当事人裁判结果所依据的法律法规,辨法析理促进胜败皆服,确保定案证据出示在法庭,案件事实查明在法庭,诉辩意见发表在法庭,裁判结果形成在法庭,司法权威树立在法庭。2017年,对2670件诉讼案件召开了庭前会议,当庭宣判2270件,占比85.02%。通过强化庭审功能,呈现出当事人举证能力高、当庭宣判率高、服判息诉率高、二次开庭率低的"三高一低"良好局面。

三是围绕专业法官会议抓审判,提高疑难案件当庭宣判率。设立刑事、民商事、行政和执行4个专业法官会议,每两周定期召开一次,由主管院领导主持,所有重大、疑难、复杂案件和合议庭对法律适用、裁判标准及采取当庭宣判方式把握不准确的案件,均须上会研究讨论。参会法官发表的意见仅供办案法官和合议庭参考,如实记录并附卷,为合议庭正确理解、适用法律提供了参考意见,推动了裁判标准规范统一。

四是围绕保障机制抓审判,激发法官适用当庭宣判主动性。注重加强教育培训的针对性和实效性,开办"法官讲坛",选派专家型法官和优秀法官讲授提高当庭宣判率的办案经验;组织法官到先进法院、高等院校学习培训,并向全院干警分享学习体会,确保一人培训,全院受益;开展岗位练兵、庭审观摩和技能竞赛,加强法官对法律法规的理解与运用,不断增强法官法学理论功底、庭审驾驭能力和综合分析研判能力,克服法官当庭宣判不敢判、不想判、不愿判的心理障碍,提高当庭宣判的能力和水平。

五是围绕法官业务技能培训抓审判,提升当庭宣判质效。明确将当庭宣判率纳入审判质效考核,对不同领域、不同类型、不同程序审理的案件,合理制定各审判庭调解率与当庭宣判率考核指标,避免久调不判、人为干预。综合考量审理周期、案件质量、判后效果等多种因素,每月对各审判庭当庭宣判案件情况进行测算统计并全院通报,对表现突出的予以嘉奖,纳入法官业绩档案,作为评优评先参考依据。建立法官办案容错纠错机制,明确容错的条件和情形,对认定容错免责程序、结果运用范围、纠错措施等作出明确规定,将法官在案件当庭宣判中因规定不明确、先行先试出现的失误和错误同明知故犯的违纪违法行为区分开来,保护推进者、鼓励探索者、宽容失误者、纠正偏差者,最大限度激发提升当庭宣判率的内生动力。

案例6

上海市虹口区人民法院

"法官自主、全院集约、院庭长定向"
三位一体 构建审判监督管理新机制

上海市虹口区人民法院积极推动制度创新,探索实行"法官自主管理、全院集约管理、院庭长定向管理"三位一体的审判监督管理新机制,取得了明显成效。

一、建立四个委员会,积极推进法官自主管理

该院积极探索法官自主管理模式,四个法官自主管理委员会由退休法官担任总顾问,分管院长担任总协调人,成员主体为资深法官,均由民主推选产生。目前已组建审判责任评定、庭审和文书评查、立审执兼顾、纪律作风等四个法官自主管理委员会。审判责任评定法官自主管理委员会负责对二审改判、发回重审及其他可能存在差错的案件进行审判责任认定;庭审和文书评查法官自主

管理委员会负责裁判文书检查、庭审观摩及评查;立审执兼顾法官自主管理委员会负责对涉及立审执兼顾的案件和事项进行会商并提供咨询性意见;纪律作风法官自主管理委员会负责对法官履职时的纪律作风和行为规范进行监督和检查。2017 年,四个委员会对 164 件案件进行责任评定,对 161 次庭审和 1400 余份裁判文书进行评查,就 5 项立审执兼顾事项召开协调会议,开展审务督察78 次。法官自主管理委员会尊重法官的意见并将其融入到审判权力运行的管理、监督及审判责任的评定、落实过程之中,激发了法官参与审判管理的积极性和自觉性,进一步丰富完善新型审判监督管理机制。

二、按照三个阶段,有序推进全院集约管理

该院积极探索,按照从易到难、从边缘事务到核心事务、从部门事务到全院事务的顺序,稳步推进审判辅助事务集约化管理。试点阶段,建立审判执行辅助事务中心。率先创设审判执行辅助事务中心,将公告、调查、保全等辅助性事务从业务部门剥离,由中心予以集中管理和实施。推进阶段,成立执行集约化服务中心。在执行局挂牌成立执行集约化服务中心,根据"分权制衡、分段处置、集约执行、阳光运作"的定位,在执行局内部抽调干警组建服务团队。将执行非核心事务予以分流和集约处理,使执行法官能够集中精力于财产查控、处置等核心事务。深化阶段,探索全院辅助事务集约管理,进一步将集约化管理融入到全院所有辅助事务管理之中。如集中部分文员专事全院庭审记录工作,其余文员担任法官事务助理,确保每一名法官都配备一名助理。率先推进电

子卷宗随案同步生成和深度应用,深度整合线上线下资源,进一步提高集约化管理水平。

三、抓住三个重点,全面深化院庭长定向管理

该院将强化对"重点案、重点事、重点人"的定向管理,作为提高审判管理针对性的重要举措,以及对院庭长适应改革要求、转变管理方式的工作要求。一是管理排摸好"重点案"。建立以流程节点管理为主导的案件全流程管理模式,通过每个节点的精细管理进一步加快办案节奏。二是管理谋划好"重点事"。每年年初研究制定年度重点工作安排和各部门短板弱项清单,明确责任人和时间表,逐月跟踪,加强问效。既为院庭长管理提供有力抓手,也形成了不回避问题、努力推动问题解决的良好工作生态。三是管理关注好"重点人"。围绕人员分类分层管理建立了一系列重点工作机制和平台。建立队伍分析与需求征询机制。通过座谈会、问卷调查、个别访谈等形式汇总分析本院队伍基本情况和主要诉求,形成队伍建设工作的任务清单。建立人员动态调整机制,每年在全院范围内开展一次人员配置优化调整,统筹考虑工作需要和个人专长、岗位意愿,确保人员配备与部门业务工作需要适配。

案例 7

江苏省南京市鼓楼区人民法院

发挥科技优势 统筹共性事务
助推繁简分流

　　江苏省南京市鼓楼区法院坚持问题导向、需求导向,充分借助现代科技手段助推案件繁简分流、加速案件审理,满足人民群众多元化的司法需求。

一、运用现代信息技术,统筹管理共性审判辅助事务

　　一是借助"互联网+查控、担保",助力保全工作高效。在 2014 年初成立"诉讼保障中心",将全院具有共性的鉴定、评估、保全实施等审判辅助事务进行集约办理的基础上,该院于 2017 年又对保全工作流程进行了改革,由立案庭统一负责审核保全申请、出具保全裁定,将保全实施工作划入执行指挥中心集中实施。该院还与软件公司配合研发了一套能通过执行网络查控系统,自动查询当

事人财产信息并自动反馈至审判系统的软件,提高保全工作的精准和高效。该院还在"网上诉讼服务中心"开放数据端口,实现了当事人在线申请,有资质的保险公司、担保公司审查后直接向法院出具线上保函的服务。

二是运用"互联网+送达",优化审判事务、解决送达难题。发挥"互联网+"优势,运用内外网交互的法院专递收发系统,将当事人的送达材料及送达地址导入集中送达平台内,经驻场邮政进行统筹处理。发挥"互联网+送达反馈"的优势,利用网闸等现代信息技术打通承办法官办案系统与送达物流反馈信息之间的连接,保障邮寄送达的及时性与到位率。发挥"互联网+公告送达"的优势,用互联网公告的方式部分替代传统的登报公告方式,提高公告效率,加速审理进程。

二、研发智能办案系统,加速助推审判核心工作效率

一是搭建远程科技法庭系统,探索网络审判方式。该院与科技公司配合,最大程度地利用科技法庭,上线使用了一套互联网网上庭审系统,将原本局限在特定时间、特定地点、特定法庭内进行的事项,拓展到互联网这个大平台上,大大地提高了该院对于审判难度不高、证据认证不复杂等简单案件的审理效率。

二是研发智能办案系统,实现裁判文书自动生成。该院于2015年初以部分速裁案件为试点,与软件公司合作研发了一套基于法律语义分析技术,通过对起诉书、要素表、庭审笔录等各类前置数据进行智能判断分析后,按照文书样式要求,一键式生成判决书等各类裁判文书的人民法院裁判文书自动生成系统。从两年多

的司法实践情况来看,该系统在一定程度上对原有要素式审理方式进行了升级与现代化改造,且依托计算机识别与文义分析技术,加速并推广了要素式审理的效率及广度,节省了法官草拟文书初稿的时间和精力,增加了要素式审判方式的实用性,对于提高简单类案审理效率成效显著。

三、深化信息化手段,智能解决执行难题

一是运用“互联网+定期查询、智能反馈”,动态管理执行终本。该院与软件公司配合,启用了一套终结本次执行程序案件管理系统,不仅可以在终本案件结案时对案件重点环节进行智能检测,且能对历史上长期累积的终本案件进行动态智能管控及回访,定期对系统内被执行人的财产状态进行查控反馈,让终本案件不再长期沉睡。

二是建立“一案一账号”,高效便捷移转案件执行。为实现对执行案款的规范、高效、精细化管理,该院于2016年初启用“一案一账号”案款管理系统,一个案件对应一个虚拟子账号,虚拟账号内的案款都可以与具体案件自动匹配,执行员、当事人第一时间都能收到审判系统发出的提示信息,最大限度地方便办案人员和当事人了解执行款的动态。

四、加速推进机制创新,持续拓展分流成效

一是开辟实体+线上“司法服务超市”,为当事人提供更多选择、更优服务、更高效率的多元化纠纷化解路径。现阶段该院已与南京市医疗纠纷调解委员会贯通了“医患纠纷调解、司法确认网

上运行系统",对经医调委调解成功的案件进行线上司法确认。下一阶段,还将一起研发数据共享平台,实现医患纠纷调解不成纠纷的数据对接和一键式网上立案。启用"道路交通数据一体化处理平台""物业纠纷前置调解及司法确认平台"和"在线调解"平台,将当事人自行和解、行政调解、人民调解各项机制有机衔接、相互协调,实现解纷主体多元化、解纷方式社会化、解纷人员专业化,最大限度地节约社会资源。

二是研发"预诊"系统,为当事人提供纠纷化解指引。与数据公司联合开发"纠纷预诊系统",通过对行业调解、行政调解、人民调解、法院调解、法院裁判结果的大数据分析,为群众提供纠纷化解不同途径结果的预判,引导当事人适时选择合适的纠纷解决途径、调解方案,进一步增强社会矛盾综合治理的能力和水平。

案例 8

江苏省苏州市中级人民法院

建立实习律师充实审判辅助力量机制
完善配套司法伦理规范

为贯彻落实全国司法体制改革推进会提出的"探索建立法学专业学生、实习律师到法院、检察院实习,担任司法辅助人员制度"的要求,江苏省苏州市两级法院积极探索实习律师进法院实习制度,通过加强与司法局、律协等单位的沟通,从实习律师的报名选拔、指派接收、实习指导、执业考核、廉政风险防范等方面不断深化制度创新。2016 年 10 月以来,苏州两级法院先后接收实习律师 69 人,一定程度上缓解了法院案多人少的压力,有效促进了法官和律师法律职业共同体的构建。

一、以沟通为抓手,打通保障制度落地"三关口"

为确保实习律师进法院实习制度平稳推进,积极与司法局、律协、财政部门等进行沟通,争取他们的理解和支持,创造制度落地生根的内外部环境。

一是严把"入口关"。经过协商,市律师协会负责实习律师的公开招录工作。经过严格招录程序,确保选送政治素质强、业务素质高、作风扎实的实习律师到法院实习。律师协会还根据人选情况,确定每批次的联络员,定期了解实习律师的表现情况。在进入法院实习前,律师协会召开实习律师会议,对实习律师到法院实习提出要求。

二是完善"制度关"。积极与律协协商,逐步完善制度,努力解决实习律师遇到的困难。针对实习律师必须代理 10 个以上案件的问题,经与市律协协商,市律协计划进行单独考核,将法院实习期间的经办案件进行折抵。

三是筑牢"保障关"。为确保实习律师能够安心稳定在法院实习,法院积极争取财政部门的支持,为实习律师提供必要的办公设备、良好的工作环境、必要的交通和生活补贴,以保障其生活和工作需要。

二、以制度为核心,建立"六位一体"综合管理模式

先后出台《关于建立实习律师到法院实习制度的实施意见(试行)》《关于实习律师、法学专业学生在院实习的有关规定》等文件,结合工作实际制定定员制、定岗制、导师制、补助制、考核制、问责制等六项制度,做到"严进严出""严管厚爱",确保实习律师队伍不出问题。

一是确定岗位职责。法院为每个实习律师指定一位庭长或资

深法官担任指导老师,结对指导学习工作。实习期暂定 6 个月,全日制上班。实习律师前三个月主要从事应诉材料等法律文书的送达、庭审记录和案卷装订等书记员工作,以深入熟悉法院工作流程。后三个月可以协助法官与当事人进行谈话、调解乃至从事制作简易法律文书等法官助理工作,以提高法律实践能力。

二是加强管理落实。法院通过建立临时档案、指定导师、加强考核、座谈了解等方式,切实担负管理责任。法院在实习期间为实习律师指定导师,由所在业务庭和导师对实习律师在实习期间工作进行指导和管理,实习期满会对实习律师进行考核,就实习表现(完成工作量情况、其他综合业绩情况、作风纪律情况)进行全面客观评价。每次实习期满,法院政工部门还与律师协会联合召开实习律师座谈会,听取实习律师的意见建议。

三是明确纪律红线。法院在实习律师进入法院时为每位实习律师发放纪律须知,明确实习律师必须遵守的审判执行和廉政纪律等各项规章制度,特别是遵守审判保密要求,如有违反将依法依规追究责任。明确对实习律师执行严格的回避:进法院前在所在律所代理的案件不再办理,进法院后涉及所在律所的案件主动回避,不得承担该案的审判辅助工作。还将实习律师名单交本院监察部门备案,加强廉政监督,一旦发现有违反廉政等纪律的,立即终止在法院的实习工作。

三、以"亲清"为原则,推进法律职业共同体建设

法院对实习律师和指定导师提出了"悉心指导、虚心学习、用心工作、真心对待"十六字工作要求,让两者在工作过程中形成

"亲清"新型法官与律师关系,推进法律职业共同体的深层次发展。

一是构建法官与律师"双赢"机制。实习律师进法院充实审判辅助力量,参与审判辅助工作,减少法官的事务性工作,帮助法院提升审判质效,从而一定程度上缓解了案多人少的矛盾。同时,实习律师协助法官办理大量案件,快速积累经验,熟悉审判流程,提升律师执业技能,并增进对法官及其工作的理解尊重。据初步统计,一年多来,69 名实习律师协助法官累积办理案件 6000 多件,最多的一位达到 212 件。

二是构建法律职业共同体与社会民众"多赢"机制。实习律师进法院,增进两者的了解和互信,有利于构建互相尊重、互相支持、互相监督、正当交往、良性互动的"亲清"新型法官与律师关系,有助于案件纠纷的处理和社会矛盾的化解。据不完全统计,在最初批次的实习律师转正为律师代理的案件中,案件的调解率更高,当事人的信访缠讼几率更小,对司法公信力提升也起到了一定积极作用。

案例 9

浙江省宁波市中级人民法院

依托微信小程序
打造移动电子诉讼新模式

宁波移动电子诉讼平台是一款能让群众用手机打官司、法官用手机办案的微信小程序。这项工作于 2017 年 10 月 8 日自余姚法院起步，于 2018 年 1 月 2 日在宁波两级法院全面推开。2018 年 1 月 11 日，最高法院确定宁波中院为"移动电子诉讼试点"。试点 5 个月来，宁波两级法院在该平台上流转的案件达到 55620 件，其中民商事案件 39256 件，执行案件 16364 件。目前最高法院组建的全国项目组正在宁波移动电子诉讼平台的基础上作深度开发，加快建设可向全国法院推广的移动电子诉讼平台。

一是实现诉讼规则新优化。宁波中院积极探索移动电子诉讼规则，制定移动电子诉讼规程，共 9 章 75 条，涵盖了从立案、送达、证据交换、庭前准备、调解到归档的全部诉讼流程。先行先试的规则主要有三方面:1.拓展电子签名的适用范围到诉讼领域,可以签收诉讼文书、调解协议等,电子签名与线下签名具有同等效力;2.简化诉讼流程,当事人可以拍照上传起诉状和证据,除当事人对证据有异议、涉及身份关系,证据原件不再一律要求提供;当事人可在指定期限内按提示自行进行证据交换和质证,已开展证据交换1103件次;3.广泛运用电子送达,经当事人同意,采用微信等电子方式送达诉讼文书,提升送达效率。

二是实现提速增效新举措。移动电子诉讼平台提供了一种线上线下高度融合的办案模式,让法官用最少的时间和精力从事琐碎的程序性、事务性工作,专注于办案的重点环节;缓解了送达、执行等工作中的痛点,大幅压缩各环节流转用时,提高了办案效率。如多环节一键微信送达,既减少工作量,又提升快捷性,已电子送达27860件次。审理环节,尤其便于补充性的询问、调查或二次开庭,加快了审理节奏。2018年以来,宁波两级法院法官人均结案增幅明显,如慈溪增加20.65件、宁海增加32.08件、海曙增加40.53件。

三是实现司法便民新飞跃。移动电子诉讼平台与现有的各种审判、执行系统对接,诉讼流程全面贯通,基本实现"一入口全链条"办理,为当事人提供便捷的"一站式"移动诉讼服务,打官司"最多跑一次"成为可能,让当事人省时省力省钱。一部分案件可实现"零在途时间"和"零差旅费支出",尤其对于市外、省外甚至国外的当事人,节省了大量的时间成本和费用成本。目前已微信立案20312件,跨国跨区域在线申请撤诉2435件、在线签订调解协议4104件。

四是实现多元化解新平台。充分利用微信社交媒体"跨域链接、跨界融合"的理念和优势,建立由政法委统筹,法院主导,官方解纷资源和非官方解纷资源互通互联、共治共享,涵盖矛盾排查、预防、化解、财产查控等多环节的"网上大调解""网上大协同"新格局。目前移动电子诉讼平台已与宁波市在线矛盾纠纷多元化解平台对接,已引入534名人民调解员、2415名律师、近30个行业调解组织等。统一平台连接多方,加上沟通协商不受时间、场域局限,大大增加了调解成功的可能性。

五是实现司法公开新维度。移动电子诉讼平台进一步拓宽了司法公开的范围,提升了公开的便捷性,将成为移动端司法公开的主窗口。当事人参与诉讼和法官办案的每个环节、每个活动均在平台上全程留痕,无论审判流程、庭审视频、裁判文书、执行过程,当事人可随时在线查阅,可全程见证审判、见证执行。还可有效解决当事人与法官之间的信息不对称问题。比如在执行领域,执行法官可通过发送照片、视频、定位等,及时告知当事人执行节点信息,还可以直播执行过程,让当事人看得见、感受到公平正义,增进相互间的理解信任。

六是实现监督保障新延伸。移动电子诉讼平台全程留痕,使每个诉讼活动都有迹可循,都可倒查。实时智能化监管和质量评查,使监督无时不在、无处不在,倒逼法官规范办案,保障法官依法履职。移动电子诉讼平台促进办案全程电子化加快实现,提供更丰富的案情数据,为大数据分析和智能化办案提供基础保障,能够进一步优化提升裁判文书自动生成和类案推送功能,有利于实时发现"同案不同判"的案件,促进解决裁判规则不统一的问题。

案例 10

浙江省丽水市中级人民法院

深化分调裁机制改革
助推纠纷多元化解

2018 年,浙江省丽水市中级人民法院在全省率先出台"分调裁"实施意见,深入推进"案件繁简分流+调解+速裁"机制改革,实现矛盾纠纷多元化解。第一季度全市法院诉前纠纷化解成功案件 1806 件,诉前纠纷化解率为 17.97%,居全省第三,同比增长9.06%;全市法院立案调撤率 46.68%。

一、丽水中院推行"分调裁"机制改革的主要做法

打造速裁新团队。丽水中院于 2017 年 5 月进行审判团队改革,成立速裁团队,承担分流、调解、速裁等职能,办理简单的一、二审民商事案件,分流后的其他相对复杂案件(即繁案)交由第一、二、三、四民事审判团队办理,速裁团队在前端、民商事各审判团队在后端。同时,速裁团队在消化简单案件时,多用调解、速裁的方式化解纠纷,与诉讼服务中心现有的立案、调解等职能密切相关,为方便工作衔接,将速裁团队设在诉讼服务中心。在全院各审判团队精选骨干力量,将具有丰富民商事审判经验的 3 名员额法官、5 名法官助理和 6 名书记员转入速裁团队。由 1 名资深员额法官带 1—2 名年轻法官助理和书记员,做好传帮带,确保团队案件繁简分流工作又快又准,大大提升了简单案件的调撤率。

探索分案新模式。为保证案件分流的效率,案件繁简分流工作由速裁团队承担,所有中院受理的一、二审民商事案件经立案后,交由速裁团队分流,由该团队 1 名员额法官和 1 名法官助理专门负责分案,并要求在三个工作日内完成。目前该模式运行顺利,基本杜绝由于繁简案标准不统一造成相互扯皮现象。明确分流后留在速裁团队办理的案件量不少于 50%。2018 年 1—5 月份,丽水中院共完成十六批次分案,分流案件 806 件,其中分流至速裁团队办理 430 件,分流至繁案组(即其他审判团队)办理 376 件,分流比例达 53.35%。细化正反向分案标准,根据案件事实、法律适用、社会影响等因素来确定,正向标准(即可确认为简案的):A. 没有新的事实、证据或者理由的;B. 事实和法律适用的争议在 3 项以内,或者事实清楚适用法律存在争议,而该争议的法律规定在全市司法实践中是明确的;C. 对于程序性审查的案件,如申请撤销仲裁裁决案件(经济型仲裁、劳动仲裁);D. 裁定驳回起诉的案件;E. 申请确认外国法院判决效力的案件;F. 认为可以采用速裁方式的其他案件。反向标准(即可确认为繁案的):A. 新类型案件;B. 与破产有关的案件;C. 上级人民法院发回重审的案件;D. 再审案件;E.社会影响大、引起社会舆论高度关注的案件;F.其他重大疑难复杂案件。

构建调解新格局。积极借助社会各界力量,努力构建"大调解"纠纷解决机制,丽水中院在诉讼服务中心设立了包括行政争议、劳动争议、知产纠纷、金融纠纷、家事纠纷、涉侨纠纷、律师调解、保险行业调解、商会调解、仲裁公证等10个调解工作室,与市司法局、市律协、市工商联、市金融办等共建单位联合聘任120名特邀调解员,诉前、诉中全流程参与调解。充分利用多元化调解平台,将专职调解、特邀调解、律师调解相结合,充分发挥员额法官专职调解和特邀调解、律师调解的作用,最大限度实现诉前矛盾纠纷化解。

二、全市法院统筹推进"分调裁"改革的主要做法

一是明确时间节点。2017年9月以来,丽水中院多次召集全市法院院长、业务骨干召开"分调裁"工作研究部署会,并制定任务清单和时间倒查表,建立《"分调裁"改革工作推进情况台账》。2018年,整合全市法院业务骨干成立专题调研组,起草《关于深入推进"分调裁"机制改革的实施意见》,各基层法院按要求于3月底前完成组建。人员配置方面,各基层法院员额法官、法官助理、书记员基本达到1:1:1人员配备比例。部分法院在原有的繁案、简案组外,还设置了诉调对接组,主要办理诉前可调解的案件。

二是建立督查通报制度。今年4月开始,丽水中院速裁团队对全市法院"分调裁"工作进行月通报,对各基层法院每月的繁简案分流基础数据、简案审理情况及诉前调解等情况进行通报,实行

动态管理。

三是探索相匹配分案模式。各基层法院在参考中院分案模式基础上,针对各自收结案的数量及特点制定相匹配的分案模式。部分法院在刑事、执行等条线开始探索符合其工作特征的繁简分流模式。同时,各基层法院均设置了简转繁程序,在简案审理过程中如发现属于繁案,可以转为繁案进行审理,但对于允许转换的案件规定了上限比例。

案例 11

福建省厦门市翔安区人民法院

管理、培训与研究并重
打造司法辅助人才培养高地

福建省厦门市翔安区人民法院积极探索人员分类管理改革，念好"管、培、研"三字诀，建设素质高、能力强、业务精的司法辅助人员队伍。

一、立足"管"，推进辅助人员分块管理

自 2017 年 6 月 26 日成立"公正云审判辅助中心"以来，不断充实司法辅助人员队伍，推进司法辅助事务专业化、精细化、集约化管理，让法官和法院工作人员从烦琐的事务性工作中脱离出来，专注于审判主业。自 2017 年 6 月以来，审判辅助中心开展集约送达 3209 件，排期开庭 1599 个，集约查询被执行人信息 14.13 万次，材料流转 155 份，电子卷宗同步生成 7304 件，对促进该院审判

质效提升发挥了重要的作用。

一是防范风险重监督。政治处负责辅助人员的管理、调配、培训及考核等人事管理工作,加强辅助人员所在部门的日常管理,根据工作表现情况提出考核意见。落实带教法官、导师的监督管理责任,定期开展廉政风险教育,签订廉政承诺书,加强保密意识培养,培养司法辅助人员过硬作风。

二是分类管理集约化。改变各庭室自行承担、标准不一、人员分散等问题,由审判辅助中心统一承接司法辅助事务,实施集约化管理,构建以业务环节为单位、模块化、流水线作业的流程化管理模式,分类设置送达、查控、记录等司法辅助小组,推动司法辅助事务由粗放式管理转变为集约化管理。

三是人员构成多样性。拓展司法辅助人员构成,以开放式架构多渠道吸纳司法辅助力量,充实司法辅助人员队伍。目前共有聘用制书记员、公证处工作人员、购买社会服务人员、厦门城市职业学院实习生等 70 余名司法辅助人员从事司法辅助事务。

二、着眼"培",加强辅助人才规范培养

与厦门城市职业学院、鹭江公证处签署《"司法辅助人才"培养战略合作协议》,设立"司法辅助实习基地",打破传统法律人才的培养模式,整合法院、公证机构、院校及社会优秀资源,通过协同创新联合培养,培养高素质、技能型的适用性司法辅助人才。

一是定制化培养方式。实习基地采用开设定制化课程的订单班人才培养方式,由厦门城市职业学院通过宣讲会、简历审核、学校推荐、面试考核等层层遴选,择优选拔首批 14 名学生到翔安法

院开始为期3个月的全日制在岗实习实训。培训内容既涉及职业素养、行为规范、法律基础知识等理论教学,又涵盖送达、调解、调查、记录、归档、保全、执行等多项实务技能。

二是合作化培养模式。通过协同创新联合培养模式,共同参与人才培养方案的制定、教学改革、教材编写等工作,选派资深员额法官、公证人员、软件工程师担任兼职教师,讲授相关法律及司法实务课程,发挥翔安法院的审判实践和专业人才优势、鹭江公证处的公证法律服务、法信"公正云"的法律信息化实践举措及创新经验,依托厦门城市职业学院法律实务教育培养平台,走一条基础理论、实践经验、行业信息化"三合一"的司法辅助人才培养模式。

三是规范化培养机制。设立实习导师和实习清单制度,细化实习生培养、管理和评价机制,选派法官、法官助理担任实习导师,对实习学生提供帮助和指导,实习学生在审判辅助和司法行政等多部门进行轮岗学习。

三、突出"研",注重辅助事务专业研究

与厦门城市职业学院、鹭江公证处共同设立"司法辅助研究中心",共建司法辅助科研合作平台,对司法辅助人员性质、定位、职责、发展等方面开展理论研究,为司法人事管理改革提供理论支撑。研究团队由业务能力强的审判人员、公证人员、软件工程师及高校教师组成,通过开展理论讲座、实务培训、申报调研项目和课题研究等方式共同推动理论研究。研究中心在司法辅助实践、公证法律服务、法律信息化、诉讼与公证协同创新等相关领域开展理论研究,借助公证处对法律应用信息化的优势,通过对司法辅助事

务流程"解剖式"分工细化、环节切割、管控论证,探索打造司法辅助事务集约管理智能平台。注重理论与实践相结合,紧紧围绕司法辅助事务实践,边做边研边学,通过实践发现问题、分析问题,切实用实践检验改革成效。

案例 12

山东省济南市市中区人民法院

六项措施打破庭室界限
优化分案机制实现提质增效

　　山东省济南市市中区人民法院以收案量最大的民商事审判领域为突破口，通过案件难易区分、审判团队确定、明确办案系数、分案技术保障、绩效考评辅助、法官全程参与六项措施，民商事分案打破庭室界限，全面实现了"小定向""大随机"。

　　一是区分案件难易。在对近三年民商事案件作详细统计的基础上，经全体民商事法官投票，从常见的200多个案由中，选出建设工程纠纷、医疗事故及医疗损害赔偿纠纷、公司及破产纠纷、劳动争议纠纷、交通事故损害赔偿纠纷5类较难案件，物业合同纠纷、电信合同纠纷2类相对简单的案件。对这些公认的较难和较容易案件，全部先剥离出来由专业团队进行审理，定向分案。此外，按照改革要求，对家事案件定向分案，并在入额的院庭领导之间轮流分配发回重审、再审案件和新型疑难复杂案件,其余案件全部纳入随机分案。

二是确定审判团队。对选出的较难案件和较容易案件,评估案件年度受理数量,成立相应数量的专业团队。确定成立 1 个分调裁团队,负责处理物业、电信以及其他可以速裁的案件;2 个劳动争议审理团队,2 个交通事故损害赔偿纠纷审理团队,1 个公司纠纷暨破产案件团队,1 个建设工程及医疗纠纷团队。另外,按照家事审判改革要求,确定 3 个家事审判团队。共计 10 个专业团队。该院入额法官共 42 人,分布在民商事上的入额法官 34 人,该 34 人中 10 人承担专业团队,定向分案;其余 24 人是普通团队,随机分案。

三是明确办案系数。团队性质和数量定好后,必须确定专业团队和普通团队之间的办案系数。对较难、较易和纳入随机分案的普通案件三者之间的办案系数进行了区分,根据上述案件的平均年度受理数量,除以各自团队的法官数量,结合法官的年度办案饱和度得出。整个办案系数的确定,简洁、高效,且得到一致认可。由此,确定了处理 5 类较难案件的专业团队,每年结案不能少于 110 件;处理电信、物业纠纷等简单案件的分调裁团队,每年结案不能低于 1100 件;其他普通团队,每年结案不能低于 210 件。三类团队之间的系数比例为 1∶1.9∶10。系数确定后,所有团队全部由法官直选,无人选择的团队由院里结合法官原审理案件情况、各自专业特长等予以指定。

四是分案技术支持。立案庭根据专业团队、普通团队的分工,结合普通法官 100%、院长 10%、入额的其他院领导 35%、庭长 65% 的办案比例要求,将专业团队办理的案件,定向分立给专业团队审理;对普通团队办理的案件,根据办理民商事普通案件法官的姓氏笔画随机分立,不准任何人选案、要案。传统的庭室概念被打破,案件不再到庭,而是直接分立到法官个人,所有法官均是个人办案,办案类型除专业类案件外,均随机分立。为保持法官工作量的均衡,确保分案公平,规定一次立案,最多不能分立给一个法官超过5件成批案件。专业团队若因案件本身少而完不成年度最低结案数量的,由立案庭按上述办案系数比例从普通案件中补足。

五是设定绩效考评。制定了绩效考核办法,通过绩效考核,保障分案机制运行。按照6∶2∶1∶1的权重比例,重点考核办案数量,同时兼顾质量、效果和调研工作情况。办案数量的考核,严格按照专业团队和普通团队之间确定的系数进行,少办一件、多办一件案件,均会体现在考核结果上。同时,鼓励在完成本团队办案数量基础上,多办案、跨团队办案会有相应的加分。

六是法官全程参与。在推行"小定向""大随机"分案过程中,法官全程参与,每一个环节均尊重法官的意愿和选择。例如,确定哪些案件为较难处理,哪些案件为较容易处理的案件,尊重了法官意愿;确定专业团队和普通团队之间的系数比例,经过了全体法官同意;组建团队时,法官可以自主选择专业团队还是普通团队,可以选择书记员、助理,团队组建自愿结合一次性成功率97%;工作磨合中,法官也可以申请对辅助人员进行调整;确定绩效考核时,征求了法官的意见,并根据法官意见,进行了调整。正是由于法官的全程参与,才使得"小定向""大随机"分案机制高效、顺畅运行。该院已连续3年收结案件数量、法官人均办案数量在济南市名列前茅,各项审判指标走在全市前列。

案例 13

河南省登封市人民法院

创新繁简分流"五分法"
助推案件良性循环

近年来,河南省登封市人民法院认真落实最高人民法院关于繁简分流机制改革的部署,立足基层法院实际,根据本院案件类型和诉讼结构,创新推出"前置、简案、类案、争议、执行"繁简分流"五分法",构建立体、动态、分层过滤、定制式的案件分流新机制,初步实现了"简案快审、繁案精审"的改革目标。

一、前置分流,实现社会化调解

一是设置前置程序。出台《"五类案件"前置程序细则》和《鉴定、公告类案件前置程序细则》,当事人提起诉讼后,人民法院立案受理前,对道路交通事故人身损害赔偿、物业纠纷、婚姻家庭纠纷,标的额在 30 万元以下的买卖、借款合同纠纷等五类案件,实行

前置委派调解;对所有涉及鉴定、公告的案件,探索鉴定、公告前置
程序,严格加以规范。

二是建立线上、线下多元化调解平台。在院机关成立"封调
禹顺"调解中心,在各乡(镇)区、街道建立"封调禹顺"调解分中
心,在村委、社区建立工作站,三级调解平台实现视频联网,对身处
不同乡镇、社区的当事人实行视频调解,并实现对所有调解平台的
监督管理,最大限度方便当事人,最大限度实现规范化调解。

三是诉前调解与诉中调解无缝对接。利用诉调对接平台,采
用调解员和辅助人员"AB角捆绑"的方式:A角是调解员,主要负
责通知当事人、主持填写送达地址确认书、开展诉前调解等工作;
B角是审判团队的辅助人员(法官助理或书记员),主要负责协
助、指导调解员开展调解工作,对调解员主持达成的调解协议出具
司法确认书,并对调解员的调解成效、日常表现进行考核评价,考
核结果与调解员的补贴挂钩。一个月内调解不成功的,及时立案
后自动转入B角所在的审判团队。员额法官经审查认为仍有调
解可能性的,可以委托驻院特邀调解员再次调解。2017年以来共
前置分流案件4423件,其中委派调解成功率达70%,立案后委托
调解成功率达28.86%,极大减少了法院受理和审理案件的数量。

二、简案分流,实现便捷高效

一是建立繁简案件分流甄选机制。制定了《简单案件立案识
别分流标准》《类案立案识别分流标准》《争议案件立案识别分流
标准》,根据案件案由、标的额范围及当事人因素,将事实清楚、单
一给付金钱案件定为简单案件,将家事、交通、劳动争议、环境资

源、破产等特定案由的案件定为类案,将争议较大、新类型、集团性案件定为争议案件,统一了三类案件识别标准。自主开发智能分案系统,自动抓取诉讼请求和证据等关键信息进行智能识别分流,并与人工甄选相结合,将简案、类案、争议三类案件分别分流到速裁团队、类案团队和普通团队(院庭长团队)审理,案件卷宗自动生成二维码,用"J""L""Z"三个字母进行标识为简案、类案和争议案件。

二是建立简案速裁机制。将符合条件的刑事、民事和行政简单案件直接分流到速裁团队进行审理,按照1∶2∶2或者1∶1∶2比例为速裁法官配备法官助理、书记员,并为每个速裁团队配备专用法庭,实行网上立案、网上送达,采用"门诊式"办案,出具表格式、令状式、要素式文书,实现了集中立案、移送、排期、开庭、宣判,办案质效大幅度提高,2017年以来民事速裁案件平均审理周期10.27天,刑事速裁案件平均审理周期1.38天,行政速裁案件平均审理周期13.28天。对标的额30万元以下、经当事人同意的案件分流到速裁团队审理,民事速裁适用率63.96%。利用公检法综合办案系统和远程庭审,实现被告人在看守所、公诉人在检察院、法官在法庭"面对面交流",刑事速裁适用率达到66.54%。对事实清楚、争议不大的政府信息公开、行政处罚、行政非诉执行等案件适用速裁程序审理,适用率达73.81%。

二是建立简案转换分流机制。为了防止速裁案件回流普通程序,影响效率,创设速裁团队与普通团队"结对子"衔接制度,每一个速裁团队对应一个普通团队。速裁团队在审理中发现不符合速裁条件或属于复杂案件的,由主管院长审核后将案件直接转入结对普通团队审理,案件不再回流立案庭分案,实现案件一次性分流。

三、类案分流,促进类案同判

着眼于审判的专业化和法官自由裁量权的规范化,将家事、未成年、道路交通事故、劳动争议、环境资源保护等频发性案件分流到专业化审判团队,实现批量裁判,促进类案同判。在审判辅助系统嵌入类案快速查询和智能推送功能,发挥在辅助量刑决策、规范裁判尺度、统一法律适用等方面的重要作用。审管办定期对审委会、专业法官会议讨论研究的类案、评查案件发现的问题进行总结,提炼裁判思路、裁判标准、审理要点,形成裁判指引和类案参考,及时发送员额法官参考。

四、争议分流,实现繁案精审

对重大、疑难、复杂、新类型、涉及群体性纠纷或社会舆论关注的案件,分流到经验丰富的审判团队和院庭长团队审理。出台庭前会议实施细则,规定法官助理负责固定争议焦点、交换证据目录、主持庭前调解、办理委托鉴定、审查诉讼请求变更等程序性事项。推行"争点式"审理模式,实现审判全程聚焦争点、当事人陈述争点、法庭调查查明争点、法庭辩论辨明争点、法庭调解调和争点、案件评议评判争点、裁判文书回应争点。

五、执行分流,破解执行难题

依托最高法院"总对总"查控系统,立案时全部交由快执团队先行"四查",进行首次分流,对经裁定诉讼保全、查控银行有存款、涉刑事罚金、5 万元以下小标的民事及行为执行等五类案件,由快执团队执行。在对上述案件执行过程中,发现存在重大复杂案件或者长期未结案件的,根据财产变现周期长短和难易程度,进行二次分流。2017 年以来,执行案件存量下降了 21%,截至 2018 年 4 月,实际执结率达 54.03%,实际到位率 32.57%。

案例 14

广东省高级人民法院

严选严管严控严要求
实现员额动态管控良性运转

　　根据中央部署,在广东省委领导和最高法院的指导下,广东法院严格遵循顶层设计要求,充分发挥党委的政治把关、组织部门的政策把关和各级法院党组的用人把关作用,将法官管理和干部管理相结合,积极稳妥推进法官员额制改革。全省法院已遴选入额法官7246名,法官人数由占中央政法编61%降至35%,全部配置在审判岗位,法官单独职务序列改革和工资制度改革等配套措施全部落实,员额管理调整、考核、退出等长效机制逐步完善,法官队伍的正规化、专业化、职业化水平有了明显提高。重点突出了"六个严格":

一、严格"以案定额",实现人案匹配

广东是全国案件大省,政法专项编制数较少、地区发展不平衡等突出问题长期存在。在员额分配上,不搞员额比例"一刀切",而是在全省法院核定的员额总数内,分类核算不同地区、不同审级法院刑事、民事、行政等法官办案基数,以此作为核定法官员额的主要依据,兼顾考虑地域等其他因素,最终确定各地区的法官员额。办案任务重的广州、深圳、佛山、中山、东莞等珠三角5市的案件总量占全省65%,法官配备超过编制总数的50%;案件量相对较少的粤东西北地区8个地市,法官员额比例按不高于30%配备。"以案定额、全省统筹"的员额分配方法使各地区员额数与案件量基本匹配,符合广东法院实际。

二、严格标准程序,遴选优秀人才

广东法官员额制改革实行全省"六统一":统一部署推进、统一选任标准、统一选任程序、统一组织笔试、统一专业评审、统一研究决定,确保将政治素质过硬、业务水平较高、司法经验丰富、能独立办案和承担审判责任的优秀人才遴选入额。包括各级法院副院长在内的领导干部,与普通法官按照统一标准和程序参加遴选;原办案骨干调入非办案部门5年以上的,需回到办案岗位参与办案满1年方可入额;对非审判部门符合条件的人选,要在调整至办案岗位后方可确认入额。对不符合遴选条件、长期不在办案岗位工作、办案能力不能胜任入额法官要求或因违纪严重损害司法公信力的,一律不予入额。综合行政部门入额人员未按要求调整岗位

的,不得享受法官职级、工资、绩效奖金等法官职业保障待遇,全省 468 名入额法官调整至一线办案岗位,1105 名院庭长和 1531 名审判员因不符合条件、岗位等要求未入额,3 人因违纪没有入额。为进一步拓宽法官选任渠道,广东法院率先探索了两项改革:一是首次在全省基层法院开展从法官助理中遴选初任法官,共从 416 人报名者中差额遴选产生 197 名初任法官人选;二是首次从广州、深圳等法院拿出 6 个四级高级法官或一级法官职位,面向律师和法学专家等进行公开选拔,共有 30 人报名,最后遴选出 6 名优秀法官人选。

三、严格领导办案,突出示范引领

明确各级法院院庭领导办案的数量要求,各级法院院领导和审委会专职委员可编入审判团队,庭领导均编入固定合议庭并担任审判长,为院庭长配备必要的法官助理和书记员,辅助院庭长办案。院庭长重点办理重大、疑难、复杂、新类型和在法律适用方面具有普遍指导意义的案件,办案的同时注重总结审判经验、统一裁判尺度,将示范引领作用落到实处。2016 年全省法院入额院庭长共办结各类案件 48.9 万件,同比上升 30.2%;2017 年前 10 月共办结各类案件 36.6 万件,占法官办结案件总量的 38.1%,同比上升 25.3%。省法院院长、副院长均担任审判长直接参与重大案件审理,取得良好社会效果。

四、严格团队组建,落实司法责任

全省法院以入额法官为核心组建团队 4934 个。基层法院多组建集中审理简单案件的独任制审判团队,中级以上法院主要组建合议制审判团队,部分法院还探索组建专门办理某类案件的专业型审判团队。审判团队中的法官助理、书记员按与入额法官数1∶1∶1的比例实行全省总量控制,根据各地案件量、财力水平等进行调配,编制内人员不足的以劳动合同制人员补充,并推动省有关部门联合出台《广东省劳动合同制司法辅助人员管理暂行规定》《广东省法院检察院系统劳动合同制司法辅助人员配备管理办法》,从省级层面规范劳动合同制司法辅助人员的配备数量、招聘管理、培训考核、薪酬待遇、经费保障等问题。全省法院共配备了 9350 名劳动合同制司法辅助人员,经费保障标准按不低于当地同级公务员的 70% 执行。出台落实司法责任制的实施意见及 20 余项配套制度,明确院庭长、审判长及各类人员职责权限,形成了权责明晰、权责统一、监督到位的新型审判权运行体系,入额法官办案量以 20% 左右的比例逐年提高,广州、深圳、佛山、东莞等市基层法院独任制审判团队年均结案超过 300 件。

五、严格履职保障,兑现改革红利

按照中央改革要求,顺利完成对全省法官的职务套改和入额法官单独职务序列等级的确定,5769 名符合条件的入额法官等级得到晋升,珠海、惠州、清远、韶关、汕尾、云浮、江门、梅州、佛山、河源、肇庆等 11 个地市完成了管理权限内法官等级的择优选升工作。省委组织部确定了专门法院、副省级市所属区法院和开发区法院法官单独职务序列等级设置和择优选升等级比例,全省法院一级高级、二级高级法官的择优选升流程等,已明确选升工作将在省委组织部指导下全面试行。2016 年 12 月前,全省法院各类人员新的工资待遇在全国率先落实。严格执行关于防止法院外部干预办案和内部人员过问案件的相关规定,干预和过问案件现象得到有效遏制,全省法院 5 名干警因违规过问案件受到纪律处分和组织处理。

六、严格规范管理,构建长效机制

着力构建员额动态调整、绩效考核和退出管理三项规范机制。在员额动态调整上,全省预留 10% 的法官员额数进行统筹调配,市县法院也可在初次核定员额比例 10% 内,经省法院同意后进行适当调整。省法院出台全省性指导意见,对法官落实司法责任制要求以及办案数量、办案质量、办案效率、办案效果、职业素养和纪律作风等情况进行考核。制定《广东法院员额法官岗位配置和员额调整管理暂行办法》,将员额退出与干部管理、绩效考核和违法审判责任追究等工作挂钩,及时将因退休、辞职、辞退、开除、调离本单位或审判执行岗位、绩效考核不合格、违法违纪等原因不符合入额的人员退出员额。目前全省法院共 277 名入额法官退出员额,其中因个人能力不够、身体健康等原因 31 人,轮岗到院内行政部门的 31 人,违法违纪的 9 人,退休、调离法院系统的 206 人。

经过改革,一是法官队伍素质明显提升。该省法院遴选确认的 7246 名入额法官中,绝大部分是长期在审判一线参加办案的优秀庭长和审判员,1435 名为在审判一线表现突出的优秀助审员;45 岁以下 4302 人,占比 59.4%;全部为本科以上学历;具有 10 年以上法律工作经历的占 80.4%。二是人员结构更加合理。全省法院中央政法编人员中,入额法官占 35%,审判辅助人员占 51%,司法行政人员占 14%,实现了法官比例合理、一线法官增加、辅助人员增加、办案力量增加的目标。三是审判质效稳定向好。审判资源配置更加合理,审判一线力量增加 17.3%。2017 年前 10 月,全省法院入额法官共办结案件 96 万件,同比增长 25.9%;人均办结 143.6 件,同比增长 25.9%。四是保障机制更加完备。法官办案主体地位和责任制得到有效落实,直接由法官、合议庭裁判的案件比例达 90% 以上;法官单独职务序列改革和工资制度改革全面落地,职级晋升的天花板被打破;法院内外干预过问案件的现象得到有效遏制;法官职业吸引力增强,出现了改革前调离的法官要求调回法院的现象。

案例 15

广东省佛山市中级人民法院

完善审判监督管理和廉政风险防控链条 全面落实司法责任制

为全面落实司法责任制改革,广东省佛山法院建立健全新型审判管理监督机制,正确处理充分放权和有效监管的关系,不断提升管理监督的科学化、规范化、精细化水平。2017 年,全市法院新收和办结案件分别为 182951 件和 182334 件,同比增长 8.7%和10.4%,结收比为 99.7%;入额法官人均结案 281 件;作为案件质量核心指标的一审判决发改率为 3.99%,持续低位运行。

一、明晰职责,落实司法责任

一是充分放权。出台《完善司法责任制改革试点具体实施方案》《关于深化审判权运行机制改革落实司法责任制的实施意见(试行)》等规定,细化审判职权配置,落实法官办案主体责任。

二是监管有据。出台《关于规范院庭领导审判管理和监督职责的若干规定(试行)》,以列举清单的方式,明确院庭领导分层行使宏观指导审判、制定规章制度、优化工作机制、统一裁判尺度、行使案中监督权等 10 余项管理监督职责。

三是责任到位。院庭领导履行监管职责的情况,纳入个人绩效考核并占 20%—40%的权重,怠于履职或不当履职造成严重后果的承担相应责任。

二、完善机制,强化审判管理

一是建立审判绩效考核机制。以三类人员为基础,分别出台绩效考核办法,通过合理设置不同类型、不同层级人员在管理、业绩和作风等项目中差别化的考核指标及权重标准,实施分类分层考核,提高绩效考评的科学化、精准化水平。

二是健全案件质量评价机制。强化案件质效评查,以常规、重点和专项评查三种方式实现对员额法官案件评查全覆盖,并及时通报评查结果,列明问题清单,督促落实整改。同时,强化将结果运用,评查情况记入法官档案,并与绩效考核挂钩。

三是统一裁判标准。持续深化审判委员会制度改革,有效发挥专业法官会议作用,不断完善劳动争议、交通事故等类案裁判文书标准化说理机制,着力加强专业化审判庭和审判团队建设,有效避免"同案不同判"问题,确保案件质量稳中向好。

三、加强联动,形成监督合力

出台《关于建立监察室与审判管理办公室联动监督工作机制

的意见》，凝聚内部监督合力，防止审判监督与纪律监督两条线、两张皮。

一是案件异常情况互通。对 3 次以上扣除审限、不符合案件报结条件、弄虚作假报结等异常审判流程情况，以及案件评查认定的瑕疵案件和问题案件等特殊案件，审管办及时通报监察室，监察室视情况进行核查。

二是信访举报线索共享。监察室收到信访举报，将相关线索提供给审管办，审管办将其作为案件质量重点评查对象。2017年，市中院审管办对监察室提出的 11 件案件启动案件重点评查程序，并及时反馈评查结果。

三是联合开展审务督察。审管办和监察室针对审判质效、信息公开、文书上网，以及鉴定、评估、拍卖等司法活动中存在的突出问题，联合开展审务督察，形成督查合力，提升督查实效。

四、把握关键，提高监管实效

一是定期信访线索分析。每季度由院长召集纪检监察部门同志召开信访举报分析会，深入分析研判信访举报反映的突出问题，并协调相关职能部门督促处理。2017 年，检控类举报同比下降幅度达到 59%；反映强烈的执行投诉同比下降 36%。

二是加强重大敏感案件风险防控。及时总结办案经验，制定《刑事重大敏感案件审理标准化操作规程》，以及重大敏感案件依法处理、舆论引导、社会面管控"三同步"等规定，健全重大敏感案件风险防范及处置机制，形成可复制可推广的标准化办案操作程序。

三是打造全链条廉政风险防控体系。全面排查法院党务政务、审判执行、综合事务、司法行政等全部工作环节和各类人员的廉政风险点,共锁定风险点 200 个,并列出责任清单,明确防控措施,进一步织密廉政风险防控网络。

五、全程留痕,确保监管有序

一是事前留痕。院庭领导行使案中监督权,应在事前填写《审判管理监督流程登记表》,明确监督依据及监督要求,并将登记表及相关案件材料转交审管办或部门内勤登记备案。院长行使案中监督权,由审管办将登记表报送相关案件的分管院领导、庭长,由其出具书面意见。

二是事中留痕。合议庭或承办法官将案件进展情况或评议结果形成书面报告,报庭长审批后提交审管办登记备案。审管办完成登记备案后,逐级报送分管院领导及院长审批。

三是事后留痕。院庭领导行使管理监督职责的处理结果在办公办案平台上全程留痕,相关案件登记表正本存入案件附卷备查,副本交由审管办登记备案。2017 年,全市法院院庭长依职权对 100 件案件行使案中监督权并按规定留痕。

案例 16

海南省海口市中级人民法院
院庭长办案监督两不误
示范引领提质效

2016 年 7 月以来,海口中院在落实司法责任制的过程中,主动适应司改后审判权运行的新需要,陆续出台了《关于规范院庭(局)长行使审判监督权和审判管理权的规定》《院庭长办理重大疑难复杂案件工作规程》等制度,充分发挥院庭长的职能作用,确保审判执行工作运行态势总体平稳并趋优向好。

一、院庭长回归办案一线,办大案要案常态化

为避免院庭长办案流于形式,更好发挥审判业务优势,该院出台了《院庭长办理重大疑难复杂案件工作规程》。

一是规定院庭长在办案类型上的"3+X"基本原则,即"再审案件全部办、重审案件部分办、一审案件重点办(3)"+"上级监督

的案件指定办（X）"。具体来说,按审判监督程序审理的再审案件,一律由院庭长（即审委会委员）组成合议庭办理;上级法院发回重审、指令审理的案件原则上由相关业务部门的庭长办理;一审案件中的重点案件主要交由院庭长办理。除了上述三类重点案件外,对上级领导机关正式行文监督的案件以及全国、省、市人大代表和政协委员直接提出监督意见和建议的案件,明确由相关业务部门的分管院领导或庭长办理。2017 年的 33 件再审案件全部由院庭长办理。

二是办案数量上设定"五个不低于"的硬性指标。其中,院长、副院长、庭长年主审案件数不低于上一年度法官人均办案数的 5%、30%、50%。同时建立院庭长办案情况通报制度,定期通报院领导办案数量、办案类型等指标。2017 年,该院院庭长办案 4448 件,人均办案 127 件,是司改前的 4.3 倍,占案件总数 42.16%,较司改前提升了 27.61 个百分点,结案率达 96.72%。院庭长办案不但数量多,而且实现了制度化、常态化。

三是在办案实质上提出"三个亲自"的标准要求。即院庭长办案必须"亲自阅卷,亲自主持庭审,亲自撰写裁判文书",集审理者和裁判者于一体,切实做到"谁审理谁裁判,谁裁判谁负责"。杜绝院庭长以听取汇报、书面审查、签发裁判文书的方式代替办案的情况,避免院庭长办案流于形式。2017 年院庭长所办案件 4448 件,均满足了"三个亲自"的标准。

四是强化院庭长参审机制,充分发挥院庭长作为资深法官的"传、帮、带"作用。院庭长轮流与不同法官组成合议庭审理案件,帮助法官更好地掌握庭审技能。组织年轻法官观摩院庭长的庭审,由院庭长对庭审重点难点进行讲解,面对面培训,真正起到传帮带作用。2017年该院院庭长参审案件2556件,占全年收案总数的24.23%,充分发挥精英法官的业务专长。

二、规范院庭长监督管理,放权不放任、监督不缺位

在严格落实司法责任制改革要求的前提下,该院按照司法规律要求,科学规范院庭长的审判监督管理职责,通过监督管理保质量、要效率、促公正。

一是建立案件报备和随机抽查制度,要求法官对六类重点案件(即涉及群体性纠纷,可能影响社会稳定的;疑难、复杂且在社会上有重大影响的;上级法院及党委、人大督办的;当事人信访投诉或媒体炒作,院领导关注的;与本院或者上级法院的类案判决可能发生冲突的;有关单位或者个人反映法官有违法审判行为的案件)必须向院庭长进行报备,防止监督职能的弱化和缺失。坚持监督管理全程留痕,院庭长填写《院(庭)长监督案件登记表》或《案件备案登记表》,监督过程入卷备查。仅2017年,提请院庭长报备监督各类案件789件,其中提请专业法官会议讨论案件43件,提请审委会讨论案件117件。普通法官对重大疑难案件积极主动向院庭长报备,自觉接受监督和指导的意识也在不断加强。

二是把院庭长履行审判监督管理的情况纳入院庭长业绩考评内容。平时由审务办进行统计、通报和督促,院长亲自约谈办案质效监管不力的分管副院长、庭长,使其时刻不忘履职尽责,并在审判执行中自觉纠正落实。

三是在案件流程管理中抓重点、重点抓。在立案环节实行

"四报告"制度,由立案庭对案件进行初步筛选和评估,及时向院长、分管副院长、相关业务庭庭长和上级部门报告;案件移送业务庭后,由庭长对新收案件的起诉书等作简要了解,判断和确定需要重点监督的案件;案件审理过程中,由纪检监察部门及时将投诉案件情况向院庭长报告,并作为院庭长监督的重点。

四是强化院庭长经常性庭审巡查机制。院庭长每年旁听不少于 10 件案件的庭审,依托智慧法院信息化,在所有院庭长办公室安装庭审录播系统,随时调看所分管部门的庭审情况,并由审务办将发现的问题及时进行汇总通报,另行整改落实。2017 年,院庭长共旁听庭审或调看庭审录像 1500 余件次。

五是强化院庭长在案件质量评查中的核心作用。增加各专职委员负责领导和组织其分管或协管业务口案件评查的工作职责。在每一次评查任务中,院庭长都率先垂范,亲自评查、亲自讲评。2017 年该院开展了 3 次常规案件质量评查和 10 次专项评查,共评查案件 6211 件。对评查出来的问题及相关责任人员不姑息、不护短。2017 年对评查中发现的超审限案件的 4 名责任法官进行了处理。

案例 17

四川省宜宾市中级人民法院

放权到位 控权有效
构建全院全员全程审判监督管理体系

　　四川省宜宾市中级人民法院坚持问题导向,积极探索、主动作为,创新出台体系化的《全院全员全程审判监督管理办法》,进一步明确各类人员的审判监督管理职责,强化层级管理和条线管理,构建起了审判团队自律管理、院庭长主责管理、审管办专门管理、政工纪检等综合部门协同管理的"大审判管理格局",实现审判管理模式从微观到宏观、从个案到类案、从事后到全程,以及司法权责从分离到统一、重点案件管理从随意性到规范化的全方位转变。

一、全院参与,强化监管主体的监督管理职责

　　一是明确院庭长主责管理。以层级管理和条线管理为重要抓手,从"点、线、面"三个层次确定院庭长监管职责。"点"上对"四

类案件"实体问题进行事中监督,"线"上依照法定职权对各类案件程序性事项审核审批,"面"上对本部门或分管范围内的审判工作进行监督管理,统筹监管审判质效。

二是加强审判团队自律管理。规范团队构建、团队运行、专业法官会议、审委会会议等,严格法官办案程序意识,充分发挥审判团队的自我管理功能。

三是坚持审管办专责管理。以动态跟踪和静默监管相结合,通过开展审判流程管理、案件质量评查、审判质效评估、审判态势分析等工作,为院庭长监管与决策提出意见和建议,发挥专职管理作用。

四是深化职能部门协同管理。将政工纪检等部门纳入监管职能部门,明确其在舆情监控、纪律监督、绩效考核、案例指导、司法辅助事务等方面的监督管理职责,充分发挥协同监管作用。

二、全程监督,全面加强对审判权运行的监督制约

一是推行案件分流管理。科学制定简案与繁案的区分标准,量化案件难易系数,确保繁简程度不同的案件在立案关口实现分流。建立繁简分流机制、大要案甄别过滤机制,优化审判资源配置,实现简案快审、繁案精审。针对涉众涉稳等重大敏感案件实行立案负面清单式管理,实行立、审、执联动,有效衔接风险稳控工作。

二是加强静默化流程监管。依托审判流程管理系统,将案件各程序环节全部纳入监督范围。加强案件流程节点管控和审限管理,杜绝审判环节随意扣减审限、中止、延期及超审限等问题。

2017年以来,该院未出现过一起审判环节随意扣审限、随意延期、随意中止等隐性超审限问题。

三是加强审判质效监管。院庭长通过召开片区会议、到辖区法院巡查、听取情况汇报、处理信访投诉案件等方式,加强分管部门或条线的宏观管理和指导。2017年以来审判质效明显提升。

四是加强类案管理与指导。建立类案及关联案件检索机制,通过特定类型个案监督、召开审判业务会议、总结审判经验、分析改判发回案件、听取辖区法院意见等方式,总结交流审判经验,规范和统一裁判标准和尺度。在完善类案参考、裁判指引等基础上,通过案件评查、审委会会议和专业法官会议等途径,积极挖掘具有指导、参考意义的典型案例,发布案例指导。

五是加强案件评查监督。完善评查机制,深入开展裁判文书、案件质量、庭审评查活动,实现评查工作的制度化和常态化。采取网上评查与纸质评查、交叉评查与邀请评查、常规评查与重点评查相结合的方式,确保评查对象和内容覆盖到全院每一名员额法官。

六是深入推进司法公开。出台《宜宾市中级人民法院关于推进司法公开四大平台建设的实施意见》,2017年以来,全市法院公开裁判文书73015份,实现除特殊案件外生效案件裁判文书100%公开。

三、全员覆盖,完善审判业绩考核和责任追究机制

一是优化法官考评机制。将员额法官和审判辅助人员纳入审判监督管理范围。成立法官考评委员会,建立法官绩效考评体系和业绩档案。考核评价结果列入法官业绩档案,作为法官审判职

务、职级晋升和评先评优的重要依据。

二是加强审判权日常监督。审管办、纪检监察部门充分发挥各自职能作用,加强对审判、执行工作的日常监督。2017 年以来,全院共发布审判监督情况通报 35 期,质效评估情况分析 12 期,司法公开情况通报 21 期。

三是加强法官队伍管理。政治部依托法官绩效考核体系,实时对员额法官办案情况进行跟踪、警示,建立员额法官常态化遴选和退出机制,保障一线审判力量的相对稳定。

四是落实办案过错责任追究。纪检监察部门加大对违法办案、拖延办案、枉法裁判等问题的查处力度,确有违反法律、法规情形的,严格依照有关规定对责任人员进行违纪违法责任追究。

四、重点突出,实现"四类案件"的具体化和精准监管

以筠连县法院为改革试点单位,强化"四类案件"监督管理,规范院庭长监督管理职责,并在全市法院全面推开。

一是权力清单化。制定《宜宾市中级人民法院"四类案件"监督管理办法》,准确界定"四类案件",实现对"群体性"案件的界定本地化、疑难复杂案件的范围具体化、类案冲突案件的情形固定化、违法审判案件的含义明确化,明确院庭长对个案监管的类型和范围。

二是行权组织化。院庭长审判监督管理活动以权责清单为行权边界,对"四类案件"实行标签管理,对监管案件的审理过程或者评议结果有异议的,只能决定将案件提交专业法官会议或审委会讨论,不得直接改变合议庭的意见。

　　三是管理平台化。将承办法官和院庭长,审管办、研究室、办公室和纪检监察、立案诉讼等部门作为启动"四类案件"监管程序的主体,畅通"四类案件"发现途径,系统全程记录,全程留痕监管。

案例 18

陕西省高级人民法院

科学调整编制　加强员额统筹
促进人案均衡

2018 年以来,陕西高院坚持和完善"全省统筹、差别分类、以案测员、动态调整"的员额和编制配置原则,协调省编办完成了全省法院政法专项编制调整工作,为解决全省法院人案不均结构性矛盾奠定了坚实基础。

科学论证,确定调整原则。省法院党组针对全省法院人案配置不均问题高度重视,在组织相关部门开展全面深入调研的基础上,及时协调省编办研究解决办法,共同确定了全省法院编制调整的基本原则:一是不超总量。全省中、基层人民法院中央政法专项编制数恒定不增不减,只能在现有编制范围内根据空编及机构改革缩编情况进行调整,调整后使用编制不能超过现有编制总数。二是同级调整。采取"中级法院之间调整平衡,基层法院之间调整平衡"的方法进行调整,目的是达到调配合理、兼顾稳妥、促进审判的目标要求。三是相对稳定。为了保证全省法院队伍建设持续发展和相对稳定,确定此次增加或缩减编制数5名(含5名)以内的法院人员编制不作调整,以保证这些法院自身建设所需的人员增补。

严密设计,确定调整方法。此次编制调整是对以案定员配置员额法官原则的完善和推进,根据员额数倒推测算出编制数,实现对全省法院编制数进行合理配置。具体方法是:一是以员测编。根据某法院近三年来的平均收、结案数及法官拟定办案数测算出该法院的员额数,再根据员额数倒推出编制数。公式是:倒推编制数=员额数÷倒推率。其中,中级法院倒推率定为38%,基层法院倒推率为42%。确定倒推编制数与现有编制数之差为编制调整数,大于现有编制数为调进,小于现有编制数为调出。二是编制调出。为了保证既能够拿出可用于此次调整的编制,又能够兼顾调出法院人员的正常补充而不致队伍断层,确定在调出空缺编制时,若现有编制与倒推编制数数差大于6名以上,此次调整编制数原则上以现有编制数与倒推编制数之差的50%掌握。三是编制调进。根据倒推编制数及非政法编制人员占用政法编制情况计算出调编率,再根据具体调进法院的编制人员情况进行合理的分配,即以"2017空缺编制调出总数÷(全部调进单位编制差数之和-全部调进编制单位非政法编制人数)"得出的调编率进行平均分配。

统筹兼顾,确定调整建议。按照同级法院调整的原则,分别确定中级法院、基层法院拟调整名额,提出具体调整建议。一是关于中级法院的编制调整。坚持中级人民法院编制总数不变的原则,拟对西安市、榆林市、延安市等 3 个案多人少矛盾突出的中院增加编制数,对宝鸡、渭南等 6 个有空编的中级人民法院减少编制数,不足以补充的从 2015 年机构改革时上收缩减 10% 的编制中解决。二是关于基层人民法院编制调整。坚持基层人民法院编制总数不变的原则,拟对西安市雁塔区、未央区、长安区等 17 个案多人少矛盾突出的基层法院增加编制数,对西安市蓝田县人民法院、周至县人民法院等 52 个基层法院减少编制数,编制数仍不足的从 2015 年机构改革时上收缩减 10% 的编制中解决。其余基层法院此次不作编制调整,维持原有编制不变。三是及时报请审批和下发执行。在严格执行编制管理有关规定和与省编办沟通协调的基础上,省高院党组经过认真讨论审议通过了调整编制方案,并及时报请省编办审核,现下发全省各中、基层法院执行。

案例 19

甘肃省高级人民法院
推进聘用制书记员制度改革
配齐配强审判辅助力量

　　近三年来,甘肃三级法院受理案件数量以平均每年 24.88%
的增幅不断攀升。但现有中央政法专项编制内书记员严重不足,
制约了司法责任制改革举措的落实。甘肃高院党组系统谋划、精
心组织,在省人社厅、省财政厅的大力支持下,从 2017 年 6 月启动
聘用制书记员管理制度改革工作,先后分两批招聘聘用制书记员
3312 名,实现了全省法院员额法官和书记员 1∶1 配备。同时,加
强对聘用制书记员的教育培训和管理监督,推动建立了一支人员
相对稳定、职业素养较高、年龄学历层次合理、充满生机活力的书
记员队伍。

　　一、高站位谋划,全方位配套。一是健全工作机制。高院积
极争取省人社厅、省财政厅等部门的支持,于 2017 年 6 月成立

了全省法院公开招聘聘用制书记员工作领导小组,切实加强组织领导,并在高院政治部下设办公室,负责公开招聘日常事务。各中级法院也协调当地人社、财政等部门,成立相应的组织领导机构。二是制定实施方案。印发了《全省法院公开招聘聘用制书记员工作实施方案》,确定招聘工作由高院统一组织实施,明确了聘用范围、招聘计划、聘用条件、聘用程序、组织领导和相关要求等,为公开招聘工作提供了基本遵循。三是出台配套措施。配套制定了《全省法院公开招聘聘用制书记员笔试工作实施方案》《笔试考场规则》《笔试考生违纪处理规定》《全省法院公开招聘聘用制书记员面试工作实施方案》等制度,有效保证了招聘工作科学、规范运行。

二、"两步走"实施,"八道关"选拔。在招聘步骤上,第一步是对各级法院业已聘用在岗人员进行招聘过渡。即从全省各级法院2017年5月30日前已经具有劳动关系且在书记员岗位工作的人员中择优招聘,最终聘用1680名。对于淘汰的723名临聘书记员,专门下发通知,要求各级法院妥善做好转岗安置工作。第二步是根据在岗聘用书记员数量,按照与入额法官1:1的标准确定实际缺额人数,在省人社厅网站发布公告,面向社会公开招聘。在聘用条件上,要求具有良好的政治素质、专业能力和职业操守,年龄在18周岁以上35周岁以下,学历为大专及以上,掌握书记员岗位必需的业务技能。在聘用程序上,参照公务员招录程序,严格按照网上报名、资格审核、笔试等八道程序进行招聘,完成时限严格遵照高院制作的《全省法院招聘聘用制书记员工作进度表》。此次公开招聘报名人数达53757人,通过资格审核52618人,参加笔试

41633 人,报考比例达到 25.5：1。最终 1632 名业务水平好、综合素质过硬的书记员通过选拔,有效补充和优化了全省法院聘用制书记员队伍结构。

三、高标准管理,深层次保障。积极探索司法体制改革背景下聘用制书记员管理的有效措施,高院于 2017 年 9 月联合省人社厅、省财政厅制定印发了《甘肃法院聘用制书记员管理办法(试行)》。在入职上岗方面,新聘用书记员由高院统一组织岗前培训后,由各用人法院组织入职培训,培训考核合格的准予上岗,不合格的暂缓到岗,由各法院自行培训合格后再到岗。并确定试用期 6 个月,试用期满后由用人法院考核后决定是否聘用。在教育培训方面,高院先后于 2017 年 10 月和 2018 年 3 月两次举行全省聘用制书记员培训班,结合全省法院审判执行工作实际和书记员岗位职责,安排了法学理论、书记员业务知识、裁判文书上网公开、廉政教育、交流研讨等多项培训内容。在合同签订方面,为确保聘用制书记员队伍的总体稳定,首次签订五年服务期劳动合同,固定期限合同期满后,根据工作需要和考核情况续签劳动合同。同时对用人法院应当、可以解除劳动关系和聘用合同终止的情形进行明确规定。在日常管理方面,各用人法院负责聘用制书记员的日常管理和考核,考核结果分为优秀、合格、基本合格和不合格四个等次,作为晋级、奖惩和解除劳动关系的依据。在级别晋升方面,实行分级管理,设置"三级九等",并与薪酬挂钩,根据规定年限和考核结果晋升等次,从制度层面打通了书记员级别晋升和工资增长渠道。在经费保障方面,高院积极与省人社厅、省财政厅等部门沟通衔接,将全省法院聘用制书记员保障经费纳入省级财政预算,由省级财政足额保障,人财物统管实施前保障经费列入所在市县财政分级预算,有效解除聘用制书记员的后顾之忧,保障了聘用制书记员队伍的总体稳定。

案例 20

青海省泽库县人民法院

统筹内设机构改革和审判团队建设
提升办案效能

　　青海省泽库县人民法院通过推进内设机构改革、强化繁简分流、尝试辅助事务外包等综合配套机制改革，盘活用足现有力量，实现了审判团队的扁平化管理、常态化运行、科学化考核，在最大程度释放团队潜能的同时，确保司法责任制落到实处。

一、以差异管理为指导，推进审判团队组建运行科学化

　　一是该院根据案件难易程度，确定多元化团队组建模式。在对各业务庭案件数量、难易程度、人员结构进行深入调研分析的基础上，以现有部门和人员为基础，以审判效率和专业为主要考量要素，组建差异化审判团队 3 个。第一审判团队，配置员额法官 1 名，法官助理 2 名，书记员 1 名。负责立案登记，申请再审、管辖权

异议、财产保全案件(限诉前保全和情况紧急的诉讼保全)的审查、上诉卷宗移送和取回及其他事务性工作;负责诉前调解,司法确认、小额诉讼程序和该团队认为适宜由其审理的其他简单民商事案件与批量民商事案件。同时,在该审判团队设立信访室,负责该院涉诉信访各类事务的处理。第二审判团队,配置员额法官5名,法官助理7名,书记员5名,组成形式为"5+7+5"。独任审理或随机组成合议庭,主要负责民事、刑事、行政案件、再审、发回重审和执行异议案件的审理。第三执行团队,配置员额法官2名,法官助理2名,执行员2名,书记员1名,司法警察3名,组成形式为"2+2+2+1+3",主要负责执行案件的实施及裁决。在团队人员配备上,根据办案时间和数量将法官助理分为高级助理和初级助理,根据员额法官资历和承办案件类型,进行合理搭配。

二是以内设机构改革为契机,弱化审判庭对团队的影响。该院通过内设机构改革,将原8个内设机构减至5个,将一些业务类型相近、人员匹配性高、紧密协同性好、存在业绩竞争的部门合并。审判庭设置更多地侧重流程监管督促,审判团队的人员由院里统筹调整,审判案件的种类、数量由审判管理部门动态调整,使法院扁平化管理成为现实。

三是以院庭长办案为推动,强化审判团队主体地位。该院院庭长全部编入审判团队,带头办理疑难复杂案件。在省高院规定的办案数量基础上提高正、副庭长办案指标,要求庭长个人承办案件数量达到本庭平均收案数的60%。

四是以个性化的业绩考评,调动审判团队成员积极性。该院将审判团队作为整体进行绩效考核。考核办法以近三年的办案数量为基础设定目标值,综合考虑团队人数、审判职务等因素,为员额法官、法官助理、执行员、书记员分别设定对应系数。综合考量办案质量、效率、效果及司法标准化落实情况最终确定考核成绩。差异化设定考核满分值和加减分项,适当拉开档次,使考核标准向一线团队倾斜,激发工作热情。

二、以要素式审判为探索,推进审判团队办案高效化

一是要素提炼去冗。该院针对特定类型案件提炼表格式审判要素。比如针对房屋买卖合同纠纷,从房屋情况、买卖合同签订和履行情况、变更解除情况等方面提炼要素 21 个;针对房屋租赁合同纠纷,从合同形式、费用给付、装修装饰、转租约定等方面提炼要素 16 个。让法官助理通过运用《要素表》,提高庭前准备工作质量,通过庭前会议明确诉辩方向。

二是审理过程减负。该院法官在庭审时对照《要素表》提炼争议焦点,围绕要素展开审理,有效节省开庭时间,减轻工作量。此外,通过信息化等方式识别要素填写,一键生成判决书初稿,减轻团队工作负担。

三是类案审理加速。该院结合法官员额制改革,将相对固定、特色鲜明的家事、交通事故、劳动争议、合同纠纷等案子安排指定的审判团队,做到类案同审、多案连审。

三、以辅助事务外包为依托,推进审判团队办案专业化

一是创新电话送达举措。该院在青海率先启用"电话录音+公证"送达系统,通过电话告知开庭时间及地点、举证期限、领

取诉讼文书等事项,通话内容全程录音,自动保存在公证机关存储平台,具有法律认可的证据效力。该系统启用以来,一次性送达成功率达77%,审判团队工作量减少30%,送达成本下降55%。

二是辅助事项集中办理。该院针对案件类型化突出,审判团队外出调查的对象、内容、路线等相对集中和重合的特点,将辅助性事务实行专门组织、集中办理,最大限度减少重复劳动,实现"1+1>2"。通过辅助性事务科学分流再集中,调查团队"一趟车,多办事",缩短了总体调查时间,进一步为团队减负。

三是服务外包扩大应用。实行电子档案和电子卷宗的录入扫描工作集中外包,进一步释放人力资源,提升司法效能。

图书在版编目(CIP)数据

人民法院司法改革案例选编.第一批至第三批.—北京:人民出版社,
  2018.8
ISBN 978 - 7 - 01 - 019661 - 9

Ⅰ.①人⋯ Ⅱ. Ⅲ.①案例-汇编-中国 Ⅳ.①D920.5

中国版本图书馆 CIP 数据核字(2018)第 187193 号

人民法院司法改革案例选编(第一批至第三批)
RENMIN FAYUAN SIFA GAIGE ANLI XUANBIAN DIYIPI ZHI DISANPI

人 & 虫 版 社 出版发行
(100706 北京市东城区隆福寺街 99 号)

天津文林印务有限公司印刷 新华书店经销

2018 年 8 月第 1 版 2018 年 8 月北京第 1 次印刷
开本:710 毫米×1000 毫米 1/16 印张:15.5
字数:180 千字

ISBN 978 - 7 - 01 - 019661 - 9 定价:39.80 元

邮购地址 100706 北京市东城区隆福寺街 99 号
人民东方图书销售中心 电话 (010)65250042 65289539